未来をひらく選択

池田大作 平和提言選集

平和ほど、尊《とうと》きものはない。
平和ほど、幸福なものはない。
平和こそ、人類の進むべき、
根本の第一歩であらねばならない。

後継の青年への遺訓の第一として「原水爆禁止宣言」を発表する
第2代会長・戸田城聖先生（1957年9月8日、横浜・三ツ沢の競技場）

「原水爆禁止宣言」の草稿を記載した
戸田先生の手帳

戸田先生に師事《しじ》することを、
何よりも決定づけたのは、
恩師が先師・牧口常三郎先生と共に、
軍部政府によって投獄《とうごく》された事実を
知ったことでした。

師弟の出会いから現在に至るまで、
私は、恩師の後を継ぎ、
世界中に平和の種を蒔《ま》き続けてきました。

そして今も、恩師と一緒に、同志と共に、
平和への「共戦」を続けています。

SGI発足の場となった第1回「世界平和会議」でスピーチする池田大作先生
（1975年1月26日、アメリカ・グアム）

イギリスの歴史家アーノルド・J・トインビー博士との語らい
(1973年5月、イギリス・ロンドン)

心通《かよ》う麗《うるわ》しき対話は、
常《つね》に新たな対話への出発となり、
大いなる〝友情の環《わ》〟を広げる
第一歩となるのだ。

対話のなかに、
対立から協調《きょうちょう》への軌道《きどう》があり、
平和の懸《か》け橋《はし》が築《きず》かれる。

誰《だれ》もが、平和を望《のぞ》んでいる。
どんな人にも、他者を慈《いつく》しみ、
大切にする心が具《そな》わっている。

ほんの少しの勇気が、友を守る力となる。
何気《なにげ》ない言葉でも、人生を変える時がある。

大事なことは、誰の心にもある良心《りょうしん》と
勇気を一人、また一人と呼《よ》び覚《さ》まし、
地域を、社会を、
そして人類全体を包《つつ》み込《こ》んでいくことでは
ないだろうか。

第5次の中国訪問の折、出会った子どもと握手を交わす
（1980年４月、中国・北京）

イギリスのウィンザー城から伸びる一本の道（1991年6月、池田先生撮影）

未来は、今この瞬間《しゅんかん》に生きる人々の
誓《ちか》いの深さで決まります。
たとえ自《みずか》らが試練《しれん》に見舞《みま》われたとしても、
「同じ苦しみを他の誰にも将来の世代にも
味《あじ》わわせない」道を開く力が、
人間には具《そな》わっています。

目次 Contents

【特別収録】

平和提言選集テーマ別索引

2017年④	2017年③	2017年②	2017年①	2016年②	2016年①	2015年②	2015年①	2014年②	2014年①	2013年③	2013年②	2013年①	2012年③	2012年②	2012年①	
				●						●			●	●		対話
				●	●	●	●				●	●				生命の尊厳
					●						●		●	●	●	励まし・同苦
●								●	●					●		人間の可能性・善性
	●			●						●						差異・多様性
	●										●		●		●	絆・繋がり
					●	●			●		●		●			“他者のために”／相手を思う心
●									●				●			困難から立ち上がる
		●		●			●									民衆
		●			●	●								●		エンパワーメント
							●	●								精神の変革
	●	●										●				共生・共存
																連帯
●						●										連関性・相互関連性
									●					●		あきらめ・無力感
					●		●									人権
●	●	●	●													青年
				●											●	災害・防災
●					●							●				持続可能な開発
			●					●								戦争・核兵器
							●				●					貧困・経済

	2022年④	2022年③	2022年②	2022年①	2021年④	2021年③	2021年②	2021年①	2020年④	2020年③	2020年②	2020年①	2019年②	2019年①	2018年③	2018年②	2018年①
対話																	
生命の尊厳								●								●	●
励まし・同苦			●				●										
人間の可能性・善性										●			●				●
差異・多様性									●						●		
絆・繋がり			●	●													
“他者のために”／相手を思う心			●		●			●									●
困難から立ち上がる																	
民衆																●	
エンパワーメント																	
精神の変革													●	●			
共生・共存					●				●		●						
連帯		●		●		●	●					●					
連関性・相互関連性		●	●	●							●						
あきらめ・無力感													●				
人権					●				●						●	●	●
青年													●				
災害・防災									●			●					
持続可能な開発			●							●		●					
戦争・核兵器	●												●	●		●	
貧困・経済											●						

※索引の項目や分類は、出版にあたり『池田大作 平和提言選集』刊行委員会として
研鑽の参考用に設けたものです。

発刊に寄せて

戸田記念国際平和研究所 所長
ニュージーランド・オタゴ大学 名誉教授
ケビン・P・クレメンツ

私が初めて池田大作ＳＧＩ（創価学会インタナショナル）会長にお会いしたのは１９９６年のことです。その時の語らいから、すべての人々が幸福で、安全で、平和のうちに暮《く》らすことのできる世界を実現しようとの池田会長の並々《なみなみ》ならぬ情熱と献身《けんしん》を感じ、心が揺《ゆ》さぶられました。

私は平和学を専門とする学者であり、かつ平和構築の実践者《じっせんしゃ》ですが、平和への不屈《ふくつ》の信念により戦争に反対し、良心的兵役《へいえき》拒否者として４年間投獄《とうごく》された父から深く影響を受けました。平和を実現するには、いかなる苦難にも耐《た》え抜《ぬ》く強固《きょうこ》な意志と勇気が必要であることを理解していました。そのため私は、池田会長が世界平和の実現に向けて、たゆまぬ努力をどれだけ続けてこられたか、と深い敬意《けいい》を抱《いだ》くのです。

その証《あかし》ともいえるのが、池田会長が１９８３年から２０２２年まで40回もの「ＳＧＩの日」記念提言を発表されてきたことです。その一つ一つにおいて、核軍縮《かくぐんしゅく》、気候変動、人権、ジェンダー平等、世界市民、国連強化など、世界が直面する喫緊《きっきん》の課題に対し、仏法の智慧《ちえ》を加えた深い洞察《どうさつ》と、世界の現実を踏まえた実践的な提案をされてきました。本書は、その珠玉《しゅぎょく》のエッセンスであります。

世界は今、「ポリクライシス（複合危機）」と呼ばれる危難《きなん》に直面しています。これは、あらゆる国に影響を及《およ》ぼす複雑な課題が相互《そうご》に絡《から》み合い、単独の政府では解決できないものです。こうしたグローバルな危機には、地政学的《ちせいがくてき》な紛争、社会的不公平や二極化《にきょくか》、気候変動、そして世界的なパンデミックの継続的な影響などが含まれます。

深刻な社会危機の中、多くの人々は希望を失い、福祉《ふくし》、アイデンティティー、安全といった、人間としての基本的ニーズを満《み》たすことに不十分な従来《じゅうらい》のシステムに対して、不満や憤《いきどお》りを感じています。こうした幻滅《げんめつ》がポピュリズムや権威主義の台頭《たいとう》、政治の機能不全《きのうふぜん》につながり、社会の分裂《ぶんれつ》を深めているといえます。

このような危機の時代であるからこそ、池田会長の提言には際立《きわだ》った力があるのです。会長のメッセージは、不屈《ふくつ》の楽観《らっかん》主義と希望、生命尊厳《せいめいそんげん》を中心にすること、そして人間一人一人が持つ変革の可能性に対する揺《ゆ》るぎない信念に貫《つらぬ》かれています。最後の「SGIの日」記念提言となった2022年の提言では、「天晴《てんは》れぬれば地明《ちあき》らかなり」（新146・全254）との仏法の箴言《しんげん》を引き、「世界を覆《おお》う暗雲《あんうん》を打ち破って、希望の未来への地平《ちへい》を照《て》らす力が人間には具《そな》わっている」という確固《かっこ》たる信念を伝えています。

この人間の可能性に対する信頼は、「人間革命」の理念から生まれています。会長は、真の社会変革は一人一人の深い内面の変革から始まると主張します。

戦争、貪欲《どんよく》、環境悪化、格差と不公平、分極化《ぶんきょくか》といった社会問題も、その根源《こんげん》は、個々人の考え方、生き方に帰着《きちゃく》する。各個人が抱く怒りや恐怖、無関心といったものが、思いやりや勇気、生命への敬意、そして社会全体の幸福への献身にと内的変革を遂《と》げていくとき、平和に不可欠な政治・経済構造の改革への潮流《ちょうりゅう》も生まれていく——この信念は、人間一人一人に変革をもたらす可能性があることに究極《きゅうきょく》の信頼を置かれています。池田会長は提言全編を通して、われわれは傍観者《ぼうかんしゃ》でいることはできず、公正で包摂的《ほうせつてき》な世界の追求へ向けて積極的な参加者でなければならないと強調されているのです。

前例のないグローバルな課題に取り組もうとする私たちは、この池田会長のメッセージをしっかりと受け取っていく必要があります。とりわけ会長が期待するのは、女性と若者が果たす重要な役割です。これは私の平和学の師であるエリース・ボールディングの信念とも通じています。ボールディングは、平和の文化を育《はぐく》むには女性のエンパワーメント(内発的な力の開花)が不可欠であると主張していました。彼女は池田会長とこの問題について何度も意見を交換したと聞いています。

2018年の提言で池田会長は、核軍縮、紛争解決、災害リスクの軽減《けいげん》、気候変動対策への女性の不可欠な貢献《こうけん》を強調し、持続可能な開発目標(SDGs)と密接に関連した「女性のエンパワーメントの国際10年」の制定を提唱しました。その主張の中心には、女性が力を得ることで、より強く、より回復力があり、思いやりに満ちた、包摂的な社会が築かれるという確信があります。

私は長年にわたり創価学会の女性平和委員会の皆さんとご一緒する機会に恵まれ、現実の変化をもたらそうとする彼女たちのエネルギーと献身に常に感銘《かんめい》を受けてきました。2011年の東日本大震災の後、茨城と福島のたくましい女性たちにお会いした時のことも鮮明《せんめい》に覚えています。苦難にも負けぬ彼女たちの笑顔は、日本にとって希望の光でした。

先日（2024年10月）、ニュージーランドを訪れた創価学会のリーダーの方とお会いした際に、「私は女性たちの活躍こそSGIの〝秘密兵器〟であると確信しています」と申し上げました。するとそのリーダーの方は闊達《かったつ》に笑いながら「クレメンツ博士、それは秘密どころか誰もが認める偉大な事実ですよ！」と答えられたのです。

また池田会長は、常に未来を創《つく》りゆく変革者として若者に対する深い信頼を表明しています。

師である戸田城聖氏（創価学会第2代会長）が、核兵器廃絶の使命を若き池田会長と5万人の青年らに託《たく》したように、池田会長も青年こそ世界が必要とする変革の触媒《しょくばい》となる存在だと信じています。

それは、すべての青年は本質的に利己主義や分裂主義などの負《ふ》のサイクルを乗り越える能力を備《そな》えており、そのエネルギーを平和、正義、幸福に根ざした社会の構築に注《そそ》ぐことができると考えられているからです。実際、私はこれほど青年たちを深く愛情を持って信頼しているリーダーに会ったことがありません。

そして会長は数々の提言で、社会的弱者や疎外《そがい》された人々、苦難の淵《ふち》で奮闘《ふんとう》する人々を決して見過ごさないという視点を強調されています。誰も置き去りにすることなく、一人一人の尊厳に基《もと》づく強靭《きょうじん》なコミュニティーの実現は世界平和への重要な条件といえるのです。

さらに、現代世界の最大の脅威《きょうい》である核兵器の廃絶に再三、言及してこられました。2023年にも世界の指導者が集《つど》うG7広島サミットに寄せて、「核兵器の先制不使用」へ向けての行動を強く呼びかけられました。「核兵器のない世界」「戦争のない世界」への道を切り開くとの、提言を貫く池田会長の固い意志と行動を、今こそ受け継いでいく時です。

特に青年の皆さんには、池田会長の提言を、未来を担《にな》う皆さんへの遺訓《いくん》として受け止めていただきたいのです。本書が池田会長のビジョンについて深く考えるだけでなく、行動を起こすきっかけとなることを信じます。これらの提言に示された処方箋《しょほうせん》は、書かれた当時と変わらず、今日と未来にも通じるものだからです。

私たち一人一人が平和で希望に満ちた世界を築く力を持っています。本書に触れた多くの方々が、平和のために、より明るく、より統合されたグローバル・コミュニティーの実現に向けて、その力を大いに発揮していかれることを願っています。

最後に、エレノア・ルーズベルトの時代を超えた言葉を引用して、この序文を締《し》めくくりたいと思います。

「平和について語るだけでは十分ではありません。平和を信じなければなりません。そして、信じるだけでは十分ではありません。平和のために行動しなければなりません」

1・26「SGIの日」に誓う

創価学会会長　原田　稔

※この談話は2024年の1月26日「SGIの日」に寄せて発表されたものです。

きょう1月26日で、SGI（創価学会インタナショナル）の結成から50年目の日を迎《むか》える。

あの日あの時、池田先生はスピーチを結ぶに当たって、「皆さん方は、どうか、自分自身が花を咲《さ》かせようという気持ちでなくして、全世界に妙法という平和の種を蒔《ま》いて、その尊《とうと》い一生を終わってください。私もそうします」と呼びかけられた。

以来、先生はその先頭に立って、二度にわたる世界大戦のような惨劇《さんげき》を再び起こさせないために、各国の指導者や識者と対話を重ね、世界の分断《ぶんだん》や対立の深まりに対して〝防非《ぼうひ》止悪《しあく》〟の歯止めをかける挑戦を続ける一方で、民衆が連帯して「平和の文化」を築くための潮流《ちょうりゅう》を広げてこられたのである。

第3次世界大戦を起こさせない

その中で、池田先生が各国の指導者や識者と重ねられてきた対話は1600回以上に及《およ》び、対談集は80点にものぼる。この第1号となったのが、1972年に発刊された、〝欧州統合《とうごう》の父〟リヒャルト・クーデンホーフ＝カレルギー伯《はく》との対談集だった。

ベトナム戦争が激化していた67年に出会って以来、先生と何度も会談したクーデンホーフ＝カレルギー伯が、〝世界の分断がこのまま進めば、第3次世界大戦によって全文明の決定的な崩壊《ほうかい》につながりかねない〟と警鐘《けいしょう》を鳴らしつつ、こう述べたことがある。

「新しい宗教波動だけが、この趨勢《すうせい》を止め、人類を救うことができる。創価学会は、それ故《ゆえ》に、偉大《いだい》なる希望である」と。

この言葉は、〝地球上から悲惨《ひさん》の二字をなくしたい〟との戸田先生の熱願《ねつがん》を果たすため、東奔西走《とうほんせいそう》を続ける池田先生の烈々《れつれつ》たる気迫《きはく》を、強く感じ取ったからこそ発せられたのではないかと思えてならない。

その先生の信念の骨格を物語るエピソードが、『法華経の智慧《ちえ》』で紹介されている。第3代会長就任《しゅうにん》の翌年（1961年）に起きたベルリン危機に続いて、キューバ危機が62年に勃発《ぼっぱつ》するなど、その衝撃《しょうげき》がさめやらぬ中で、先生が「撰時抄《せんじしょう》」の講義（64年発刊）を執《しっ》筆《ぴつ》されていた折《おり》の話である。

――御文の一文一句から、現代の世界が顧《かえり》みるべき日蓮大聖人の精神をくみ取るべく、全力で取り組まれる中、執筆の作業が「前代未聞《ぜんだいみもん》の大闘諍《だいとうじょう》、一閻浮提《いちえんぶだい》に起こるべし」（新165・全259）の箇所《かしょ》にさしかかった。

この一節に対し、教学部の間では〝第三次世界大戦が起こるとの意味ではないか〟との考えを抱《いだ》くメンバーもいた。しかし先生は、断固《だんこ》として言われた。

「もし本当に第三次世界大戦が起これば、原水爆等によって、人類は滅亡《めつぼう》してしまう。かつての大戦以上の悲惨と苦悩《くのう》を、人類は、また味わわなければならないのか。それでは仏法者として、あまりに無慈悲《むじひ》ではないか。われわれは、第二次世界大戦をもって、『前代未聞の大闘諍』と決定しよう。どんなことがあっても、第三次世界大戦は起こさせない」「広宣流布という世界の恒久《こうきゅう》平和、人類の幸福を、必ず達成しようではないか」と。

この信念のままに池田先生は、冷戦対立などが激化する中で、SGI結成の前年（1974年）に、中国とソ連を相次いで初訪問された。6月に初訪中を終えて、時を置かずして初訪ソの準備《じゅんび》に当たられたが、共産主義国に続けて足を運ぶことに対し、懸念《けねん》の声や心ない非難《ひなん》の声もあった。それでも、先生の信念は全《まった》く揺《ゆ》るがなかった。

「私は、なんのためにソ連に行くのか。それは、なんとしても第三次世界大戦をくい止めたいからです。だから中国に続いて、ソ連に行き、それから、アメリカにも行きます。日蓮大聖人のお使いとして、生命の尊厳《そんげん》と平和の哲学を携《たずさ》えて、世界平和の幕《まく》を開くために行くんです」と訴えられたのである。

核兵器禁止条約の実現にかけた信念

さまざまな批判《ひはん》の嵐《あらし》を打ち払って、池田先生は初訪ソ（74年9月）を果たし、中国を再訪（同年12月）した後、年明け早々の1月6日からアメリカに向かい、青年部が集めた「核廃絶《かくはいぜつ》1000万署名簿《しょめいぼ》」を国連本部に届けられた。

そして、1月26日に、太平洋戦争の激戦地でもあったグアムにおいて、SGI結成の会合に臨《のぞ》まれたのである。この1975年のSGIの結成を機《き》に、先生は一段と力強く平和のメッセージを世界に発信されるようになった。

同年11月に広島での本部総会講演で、核全廃《ぜんぱい》を実現するための優先課題《ゆうせんかだい》の一つとして「核兵器の先制不使用」の必要性を訴えたのをはじめ、78年5月には、第1回国連軍縮《ぐんしゅく》特別総会への提言を行い、「あらゆる国の核兵器の製造、実験、貯蔵《ちょぞう》、使用を禁止し、最終的には地上から、すべての核兵器を絶滅《ぜつめつ》する」との年来の主張を訴えられた。

この池田先生の呼びかけは、時を経《へ》て2021年1月に発効《はっこう》した核兵器禁止条約の主眼《しゅがん》と、まさに重なり合うものだった。

さらに先生は、1982年6月の第2回国連軍縮特別総会にも提言を寄《よ》せられた。

そして、83年1月、「SGIの日」に寄せる形で最初の平和提言を発表され、以来、2022年まで毎年、のべ40回に及ぶ提言を重ねてこられたのである。

1回目の提言の柱となっていたのは、まさしく核兵器の問題であり、40回目の提言に至《いた》るまで、紛争《ふんそう》防止や人権、環境や人道問題など多岐《たき》にわたる地球的課題が論じられる中、毎年のように繰り返し取り上げられてきたテーマもまた、核兵器の禁止と廃絶への道を開くための提案にほかならなかった。

池田先生が毎年の提言をはじめ、あらゆる機会を通じて、核兵器禁止条約の制定を強く呼びかける中、ついに2017年7月7日、条約は国連で採択《さいたく》をみた。

その採択の翌月、池田先生は戸田先生とお会いして70周年となる日（8月14日）に執筆された一文で、条約の採択が実現したことへの真情を、こう綴《つづ》っておられる。

「私が、具体的な提案を呼びかける上で、特に重視してきたのが、次の四点である。

①市民社会が連帯して声を上げる

②核兵器の非人道性を議論の中軸に据《す》える

③国連を舞台に条約づくりを進める

④被爆者の思いを条約の基本精神に刻《きざ》む

二〇〇七年からは、ＳＧＩとして、『核兵器廃絶への民衆行動の十年』の取り組みを進め、核兵器廃絶国際キャンペーンなど多くの団体と協力して連帯を広げてきた。

こうした核廃絶への四つの潮流を国際社会で押し上げる努力を続けるなかで、『核兵器禁止条約』が一二二カ国の賛成を得て、ついに採択されたのである。

あの日、三ツ沢の競技場で誓った先生との約束を、大きく果たしゆく歴史が刻まれたことは、弟子として無上の誉《ほま》れである。『核兵器禁止条約』への各国の署名は、奇《く》しくも

『原水爆禁止宣言』六十周年と時を同じくして、九月の国連総会の開幕を機に始まることになった」と。

戸田先生の「原水爆禁止宣言」以来、池田先生が師弟共戦の行動を重ねてこられた信条は、最後の平和提言となった2022年の提言の結びの言葉にも凝縮《ぎょうしゅく》されている。

私たちは、以下の結びの言葉を、創価学会の社会的使命の根幹《こんかん》をなすものとして受け継ぎ、力を合わせて果たしゆくべき池田先生との誓いとして行動を広げてまいりたい。

「核兵器の非人道性は、その攻撃がもたらす壊滅的《かいめつてき》な被害だけにとどまりません。どれだけ多くの人々が、〝社会や世界を良くしたい〟との思いで長い歳月《さいげつ》と努力を費《つい》やそうと、ひとたび核攻撃の応酬《おうしゅう》が起これば、すべて一瞬《いっしゅん》で無《む》に帰《き》してしまう――。あまりにも理不尽というほかない最悪の脅威《きょうい》と、常に隣り合わせに生きることを強《し》いられているというのが、核時代の実相なのです。

私どもが進めてきた核廃絶運動の原点は、戸田第2代会長が1957年9月に行った『原水爆禁止宣言』にあります。

核保有国による軍拡競争が激化する中、その前月にソ連が大陸間弾道弾《だんどうだん》(ICBM)の実験に初成功し、地球上のどの場所にも核攻撃が可能となる状況が、世界の〝新しい現実〟となってまもない時期でした。

この冷酷《れいこく》な現実を前にして戸田会長は、いかなる国であろうと核兵器の使用は絶対に許《ゆる》されないと強調し、核保有の正当化を図ろうとする論理に対し、『その奥に隠《かく》されているところの爪《つめ》をもぎ取りたい』と、語気《ごき》強く訴えたのです。

一人一人の生きている意味と尊厳の重みを社会の営《いとな》みごと奪《うば》い去るという、非人道性の極《きわ》みに対する戸田会長の憤《いきどお》りを、不二の弟子として五体に刻みつけたことを、昨日の出来事のように思い起こします。

私自身、1983年以来、『SGIの日』に寄せた提言を40回にわたって続ける中で、核問題を一貫《いっかん》して取り上げ、核兵器禁止条約の実現をあらゆる角度から後押ししてきたのも、核問題という〝現代文明の一凶《いっきょう》〟を解決することなくして、人類の宿命転換は果たせないと確信してきたからでした。

時を経《へ》て今、戸田会長の『原水爆禁止宣言』の精神とも響《ひび》き合う、核兵器禁止条約が発効し、第1回締約国《ていやくこく》会合がついに開催されるまでに至りました。

広島と長崎の被爆者や、核実験と核開発に伴《ともな》う世界のヒバクシャをはじめ、多くの民衆が切実に求める核兵器の廃絶に向けて、いよいよこれからが正念場となります。

私どもは、その挑戦を完結させることが、未来への責任を果たす道であるとの信念に立って、青年を中心に市民社会の連帯を広げながら、誰もが平和的に生きる権利を享受《きょうじゅ》できる『平和の文化』の建設を目指し、どこまでも前進を続けていく決意です」

三代の会長の精神を受け継ぎ　地球的課題に立ち向かう挑戦を

私たちは、SGIの結成に当たって池田先生が呼びかけられた言葉とともに、この最後の提言の一節を、「人道的競争《きょうそう》」を提唱した牧口先生の思想や、「原水爆禁止宣言」に脈打つ戸田先生の精神と合わせて、創価学会の平和運動の礎《いしずえ》に据《す》えて、志《こころざし》を同じくする人々や団体と連帯し、「核兵器のない世界」と「戦争のない世界」の実現を目指していきたい。

そして、核廃絶や戦争の防止はもとより、環境や人権、気候危機や人道問題など、人類が直面するさまざまな課題を解決するための提言を、SGIとして継続的に発信していくことを、ここに誓うものである。

かつて池田先生は、平和提言の発表をたゆむことなく続けてきた信念の支えになってきたものとして、次のような戸田先生の言葉に言及されたことがあった。

「人類の平和のためには、〝具体的〟な提案をし、その実現に向けて自ら先頭に立って〝行動〟することが大切である」

「たとえ、すぐには実現できなくとも、やがてそれが〝火種〟となり、平和の炎が広がっていく。空理空論はどこまでも虚《むな》しいが、具体的な提案は、実現への〝柱〟となり、人類を守る〝屋根〟ともなっていく」

私たちも、池田先生の弟子として、三代の会長の〝平和と人道の闘争〟に一分《いちぶん》なりとも連なるべく、それぞれの

国連のブトロス＝ガリ事務総長㊨と国連の使命や役割を巡って語り合う池田先生（1993年12月、東京都内）

使命の舞台で「平和の文化」の担い手として行動し、人類の悲惨の流転史を変革するための「民衆のスクラム」をどこまでも力強く広げていきたい。

凡例

一、本書には２０１２年以降の池田大作先生の提言を収録した。「ＳＧＩの日」記念提言の抜粋は、「大白蓮華」を底本とした。２０１８年のアドルフォ・ペレス＝エスキベル博士と池田先生の共同声明、２０２２年のＮＰＴ再検討会議への緊急提案、２０２３年のウクライナ危機と核問題に関する緊急提言、Ｇ７広島サミットへの提言は聖教新聞に掲載されたものを収録した。

一、抜粋した文章を独立の項目として収めるにあたり、若干、加筆・訂正を行った。その際、文章を省略した箇所には「（中略）」を、段落を省略した箇所には「◇」を付した。

一、本文中の肩書きは提言の発表当時のままにした。時節は（）内に補足を施した。

一、本文中の御書のページ数は、『日蓮大聖人御書全集　新版』を「新〇〇」とし、『日蓮大聖人御書全集』（創価学会版）を「全〇〇」と表記した。提言の抜粋にあたり、新版表記を付け加えた。法華経の経文は『妙法蓮華経並開結』（創価学会版、第２刷）に基づき、（法華経〇〇ジペー）と示した。

一、創価学会初代会長の牧口常三郎先生の著作は『牧口常三郎全集』（第三文明社刊）から、第２代会長戸田城聖先生の著作は『戸田城聖全集』（聖教新聞社刊）から引用した。

一、その他の引用は、そのつど書名を挙げた。引用の際、読みにくい漢字には、ふりがなを施し、現代表記に改めたものもある。

2012年

２０１２年（第37回「ＳＧＩの日」記念提言）

「生命尊厳《そんげん》の絆《きずな》 輝く世紀を」

この提言の全文は
こちらから読むこと
ができます

時代背景——２０１１年の主な出来事

●東日本大震災が発生

２０１１年３月11日の午後２時46分、日本の東北地方の三陸沖を震源《しんげん》とするマグニチュード９・０の巨大地震が発生。死者は１万５９００人にのぼり、２５２０人が行方不明となっている（２０２４年３月１日時点、警察庁発表）。東京電力福島第一原子力発電所では炉心溶融《ろしんようゆう》（メルトダウン）が発生し、震災の影響とあわせて最大約47万人が避《ひ》難《なん》するなど、甚大《じんだい》な被害をもたらした。発災後、世界各地から多くの支援の手が寄《よ》せられ、２０２４年５月までに１６３の国と地域、43の国際機関から支援の申し出があったほか、24の国と地域からの支援部隊が日本で活動を行《おこな》った。

要旨

２０１２年の提言ではまず、災害や世界的な経済危機などの脅威《きょうい》を乗り越えるための視座として、「人間の安全保障」の理念に言及しています。災害が相次いだ13世紀の日本で日蓮大聖人が著《あらわ》した「立正安国論」に脈打《みゃくう》つ〝民衆の幸福と安全を第一とする思想〟を通しながら、苦難に直面した一人一人が「生きる希望」を取り戻せるよう励《はげ》まし続けることの重要性を強調するとともに、「自他共《じたとも》の幸福」を願う対話こそ、時代の閉塞感《へいそくかん》を打ち破る力となると訴えています。

続いて、災害に苦しむ人々の人権を守る国際枠組《わくぐ》みの整備《せいび》や、防災や復興《ふっこう》において女性の役割を重視する原則の徹底《てってい》を提唱しています。また、環境問題に関連して、「持続可能《じぞくかのう》な未来」を築くための新たな人類共通の目標の制定を提案する一方で、日本のとるべき道として、原子力発電に依存しないエネルギー政策への転換を早急に検討することを主張しています。

最後に、青年を先頭にしたグローバルな民衆の連帯を広げながら、「核兵器のない世界」の実現を呼びかけています。

視座1

生きる希望を取り戻すために

——社会全体で「人生の復興《ふっこう》」を支援

災害などの「突然襲《おそ》い来る困窮《こんきゅう》の危機」が世界で相次ぐ状況を踏まえ、災害で家や財産の多くを失い、過酷《かこく》な避難生活を強《し》いられ仕事を失うことは、生きがいや復興への精神的な足がかりまで突《つ》き崩《くず》される事態につながりかねないと指摘《してき》。被災した人々が少しでも生きる希望を取り戻せるよう、社会全体で支え続けていく必要性を強調しています。

災害は、人間の生にとってかけがえのないものを一瞬《いっしゅん》にして奪《うば》い去ります。

何より、自分を生み育《はぐく》んでくれた父や母、苦楽をともにした夫や妻、最愛の子どもや孫たち、そして親友や地域の仲間など、自分の人生の大切な部分を成していた存在を失うことほどつらいものはありません。

仏法でいう愛別離苦《あいべつりく》の胸を刺《さ》す苦しみは、どんな人でも耐《た》え難《がた》いものです。

私が若き日から愛読してきたアメリカの思想家エマソンをめぐる忘れられない逸話《いつわ》があ

ります。

エマソンは、5歳の愛児《あいじ》を病気で亡《な》くした時、日記にこう記《しる》しました。

「昨夜8時15分、私のかわいいウォルドーが逝《い》ってしまった」

青年時代から常に日記を書くことで、精神の足場を踏み固めてきたエマソンでしたが、何とか文字にすることができたのは、痛ましい現実を示す短いその一文だけだった。

別の日にエマソンが再びペンを手にし、次の文章を記すまで、日記帳には4ページにわたる空白が続いていたのです。

「まばゆいばかりの朝日が昇《のぼ》っても、ウォルドーのいない風景は色を失っていた。寝《ね》ても覚《さ》めても、私が思いをかけていたあの子。暁《あかつき》の星も、夕暮れの雲も、あの子がいたからこそ美しかったのだ」

魂の懊悩《おうのう》から絞《しぼ》り出すように綴《つづ》られた〝どうしようもない喪失感《そうしつかん》〟と、空白の4ページに込められた〝言葉にできない胸の痛み〟。そこに彼の底知れない悲しみがにじみ出ている気がしてなりません。

仏法の出発点もこの「生死《しょうじ》」の問題にありますが、夫に先立たれ、息子までも不慮《ふりょ》の出来事で亡くした女性信徒に対し、日蓮大聖人が「どうして親と子を代えて、親を先立たせずに、この世にとどめおいて嘆《なげ》かせるのであろうか」（全929・新1252、趣意）と、母親の胸中《きょうちゅう》を代弁するような言葉を綴られた手紙があります。

そこでは、「たとえ火の中に入ろうとも、頭をも割ろうとも、わが子の姿を見ることができるならば惜《お》しくはないと、あなたが思われるであろうと、その心中が察せられて涙が止まらない」（全930・新1253、趣意）と、母親の悲しみに寄り添い、どこまでも同苦する言葉が記されています。

災害では、そうした家族や仲間を失う苦しみが前触れもなく一度に大勢の人々にもたらされるのであり、その人々を長い時間をかけて社会全体で支えていくことが欠かせません。

復興の歩みを支え続ける

また災害は、人々の生きる足場となる家を破壊《はかい》し、それまでの生活の営《いとな》みや地域での絆《きずな》を奪《うば》い去る悲劇《ひげき》を引き起こします。

家は、単なる居住のための器《うつわ》ではなく、家族の歴史が刻《きざ》まれ、日々の生活の息づかいが染《し》み込《こ》んでいる場所です。そこには、家族の過去と現在と未来をつなぐ特別な時間が流れており、その喪失は人生史の時間を断たれることに等《ひと》しい。

加えて、東日本大震災に伴《ともな》う巨大な津波がもたらした被害のように、地域一帯が壊滅的《かいめつてき》な打撃を被《こうむ》った場合、土地への愛着が強ければ強いほど、近隣の人々とのつながりや、心のよりどころが一瞬にして奪われた悲しみは深くなります。

新しく住む場所が見つかっても、環境の異なる生活を強《し》いられ、それまで築いてきた人間関係の多くを失うことになる。

そうした被災者の方々の辛労《しんろう》や心痛を思う時、私の胸には、作家のサン゠テグジュペリの言葉が切々《せつせつ》と迫ってきます。

「何ものも、死んだ僚友《りょうゆう》のかけがえには絶対になりえない、旧友をつくることは不可能だ。何ものも、あの多くの共通の思い出、ともに生きてきたあのおびただしい困難な時間、あのたびたびの仲違いや仲直りや、心のときめきの宝物の貴《とうと》さにはおよばない。この種の友情は、二度とは得がたいものだ。樫《かし》の木を植えて、すぐその葉かげに憩《いこ》おうとしてもそれは無理だ」（堀口大學訳『人間の土地』、『世界文学全集77』所収、講談社）

これは親友との絆の尊さとそれを失った悲しみについて述べた文章ですが、「住み慣《な》れた家」や「故郷」や「愛する地域」についても、同じような重みやかけがえのなさがあることを、決して看過《かんか》してはならないのです。

さらに災害は、多くの人々の仕事や生きがいを奪い、〝尊厳ある生〟の土台を突《つ》き崩《くず》します。

私は現在、シドニー平和財団のスチュアート・リース理事長と「正義に基《もと》づく平和」をテーマに連載対談を行っています。その中で、人間の尊厳を損《そこ》なう脅威《きょうい》という面から見過ごすことのできないものとして、失業の問題が焦点《しょうてん》となりました（後に『平和の哲学と詩心を語る』第三文明社として発刊）。

リース理事長は、失業は単なる経済的な問題にとどまらず、人々の目的観や自己実現の機会を奪い去るものであるとし、その理由を自著の言葉を通じて、こう強調していました。

「労働から生じるそれ自体価値のある深遠な人間的感覚、すなわち何かを達成する満足を感じながら、もしくは社会に貢献《こうけん》しながら自身の生計を立てるという人間的感覚を否定」されることになる、と（川原紀美雄監訳『超市場化の時代』法律文化社）。

2年前（2010年）に逝去《せいきょ》した世界的な免疫《めんえき》学者の多田富雄氏は、67歳の時に突然の病気に襲《おそ》われ、やりかけていた多くの仕事を断念しなければならなくなりました。

その時の衝撃を、後に氏はこう述べています。

「あの日を境《さかい》にしてすべてが変わってしまった。私の人生も、生きる目的も、喜びも、悲しみも、みんなその前とは違ってしまった」「考えているうちにたまらない喪失感に襲われた。それは耐えられぬほど私の身を噛《か》んだ。もうすべてを諦《あきら》めなければならない」(『寡黙なる巨人』集英社)

人間にとって仕事とは本来、自分が社会から必要とされている証《あか》しであり、たとえ目立たなくても自分にしかできない役割を、日々、堅実《けんじつ》に果たすことで得られる誇《ほこ》りや生きる充実感の源泉《げんせん》となるものです。

まして、災害によって家や財産の多くを失い、過酷《かこく》な避難生活を強いられた上に、仕事を失うことは、生活を再建するための経済的な命綱《いのちづな》が断たれるのと同時に、前に進む力の源泉となる生きがいを失わせ、復興への精神的な足がかりまで突き崩される事態につながりかねません。

だからこそ、被災した方々が少しでも生きる希望を取り戻せるよう、住む場所や仕事の変更を余儀《よぎ》なくされた人たちが〝心の落ち着く場所〟を新たに得られるよう、そして「心の復興」「人生の復興」を成し遂げることができるよう、支え続けていくことが、同じ社会に生きる私たちに求められているのです。

視座2

生命の無限の可能性を信じ抜く

――「立正安国論」に見る生命触発《しょくはつ》のドラマ

日蓮大聖人の「立正安国論」※1は「客人」と「主人」の対話形式で展開されます。その語らいの中で織《お》り成される客人と主人の生命触発《しょくはつ》のドラマを通し、一人一人が互いの可能性を信じ、力を湧《わ》き立たせていく「エンパワーメント（内発的な力の開花）の連鎖《れんさ》」の中に、時代の閉塞感《へいそくかん》を打ち破る力ギがあると論じています。

仏教経典の多くが対話や問答によって成立しているように、「立正安国論」も、権力者と仏法者という立場の異《こと》なる両者が対話を通じて議論を深めていく形となっています。最初は、杖《つえ》を携《たずさ》えて旅をする客人（権力者）が主人（仏法者）のもとを訪れ、天変地異《てんぺんちい》が相次ぐ世相を嘆《なげ》く場面から始まります。

しかし二人は、災難をただ嘆き悲しんでいるのではない。災難が繰り返される状況を何としても食い止めたいとの「憂《うれ》い」を共有しており、そこに立場の違いを超えての〝対話

192カ国・地域で人間主義の連帯を広げる創価の友

の糸口〟が生まれます。

　そして始まった対話では、両者が互いの信念に基《もと》づいた主張を真剣に交わしていく。その中で、客人が示す怒りや戸惑《とまど》いに対して、主人がその疑念《ぎねん》を一つずつ解《と》きほぐしながら議論を深めるという、魂と魂とのぶつかり合いが織り成す生命のドラマを経《へ》て、最後は心からの納得を得た客人が、「唯我《ただわ》が信ずるのみに非《あら》ず又他《またた》の誤りをも誡《いまし》めんのみ」（全33・新45）と決意を披歴《ひれき》する形で、主人と「誓いの共有」を果たす場面で終わっています。

　では、対話を通じて両者が見いだした結論は何か。それは、仏典の精髄《せいずい》である「法華経」で説かれた〝全《すべ》ての人間に等《ひと》しく備《そな》わる無限の可能性〟を信じ抜くことの大切さでした。

つまり、人間は誰しも無限の可能性を内在しており、かけがえのない尊厳を自ら輝かすことのできる力が備わっている。その尊厳の光が苦悩《くのう》に沈《しず》む人々の心に希望をともし、立ち上がった人がまた他の人に希望をともすといったように、蘇生《そせい》から蘇生への展転《てんでん》が広がっていく中で、やがて社会を覆《おお》う混迷《こんめい》の闇《やみ》を打ち払う力となっていく――との確信であります。

こうした思想に響《ひび》き合う内容が、「人間の安全保障委員会」による報告書でも提起《ていき》されています。

人間の安全保障は「人間に本来備わっている強さと希望」に拠《よ》って立つものであり、「自らのために、また自分以外の人間のために行動を起こす能力は、『人間の安全保障』実現の鍵《かぎ》となる重要な要素である」。ゆえに人間の安全保障を推進しようとするならば、「困難に直面する人々に対し外側から何ができるかということよりも、その人々自身の取り組みと潜在《せんざい》能力をいかに活かしていけるかということに、重点が置かれてしかるべきである」と（人間の安全保障委員会『安全保障の今日的課題』朝日新聞社）。

「立正安国論」が執筆された時代は、「当世《とうせい》は世《よ》みだれて民《たみ》の力よわし」（全1595・新

2047）とあるように、相次ぐ災難を前に、多くの民衆が生きる気力をなくしかけていた。その上、現実の課題に挑《いど》むことを避《さ》けたり、自己の内面の静謐《せいひつ》だけを保《たも》つことを促《うなが》すような思想や風潮《ふうちょう》が社会に蔓延《まんえん》していました。

そこで大聖人は、諦観《ていかん》や逃避《とうひ》が救いにつながるかのように説く思想は、無限の可能性を秘《ひ》めた人々の生命を曇《くも》らせる〝一凶《いっきょう》〟であり、一人一人が互いの可能性を信じ、力を湧き立たせる中で、時代の閉塞感《へいそくかん》を打破していく以外にないと主張されたのであります。

生きている限り絶対にあきらめない

この点に関して思い起こすのは、どんなに絶望の闇が深くても「自分が小さなろうそくの灯《ひ》になることを恐れてはいけない」と呼びかけた思想家のイバン・イリイチ氏の言葉です。氏は『生きる意味』の中でこの信念に触《ふ》れた箇所《かしょ》で、軍政下のブラジルで非人道的な行為《こうい》と戦った友人のエルデル・カマラ氏の言葉をこう紹介しています。

「けっしてあきらめてはいけない。人が生きているかぎり、灰《はい》の下のどこかにわずかな残り火が隠《かく》れている。それゆえ、われわれのすべきことは、ただ」「息を吹きかけなければいけない……慎重《しんちょう》に、非常に慎重に……息を吹きかけ続けていく……そして、火がつくかどうか確かめるんだ。もはや火はつかないのではないかなんて気にしてはいけない。なすべきことはただ息を吹きかけることなんだ」（高島和哉訳、藤原書店）

これは、後にブラジルで最も無慈悲《むじひ》な拷問者《ごうもんしゃ》となる将軍との対話を試《こころ》みたカマラ氏が、将軍との話を終えて、イリイチ氏の前で完全な沈黙《ちんもく》にしばし陥《おちい》った後、語った言葉でした。

つまり、自己の信念と敵対する人物との対話が破談《はだん》した後、〝それでもなお、私はあきらめない！〟と気力を奮《ふる》い起こした言葉ですが、一方で私には、絶望の淵《ふち》に沈みそうになっている人々に心を尽くして励まし続けることの大切さを示唆《しさ》した言葉でもあるかのように胸に響《ひび》いてきます。

敵対者に対してであれ、仲間に対してであれ、一人一人の魂に眠る〝残り火〟に息を吹きかけていくエンパワーメントは、ガンジーやキング博士による人権闘争をはじめ、冷戦を終結に導いた民衆による東欧革命や、最近の〝アラブの春〟と呼ばれる民主化運動においても、大きなうねりを巻き起こす原動力になったものではないでしょうか。

私どもが、冷戦時代から中国やソ連などの社会主義国を訪問し、緊張緩和《きんちょうかんわ》と相互理解のための交流に努め、さまざまな文明や宗教的背景を持つ世界の人々と対話を重ねて、国境を超えた友情の輪を広げてきたのも、「平和と共生の地球社会」を築く基盤《きばん》はあくまで一人一人の心の変革にあり、それは〝互いの魂を触発し合う一対一の対話〟からしか生まれないとの信念からだったのです。

視座3 苦悩《くのう》を分かち合う絆《きずな》が希望の明日を開く

――目の前にいるかけがえのない一人を救いたいとの思い

災害をはじめ、さまざまな悲劇《ひげき》からの一つ一つの蘇生《そせい》のドラマには、必ず心の支えになった存在があることに触《ふ》れつつ、一人一人が「生きる力」を取り戻《もど》すためには、苦悩《くのう》を分かち合おうと寄り添い、支える人々の絆《きずな》と励ましが大きな意味を持つと述べています。

先ほど私は、人間の安全保障は「人間に本来備《そな》わっている強さと希望」に拠《よ》って立つとの理念に言及しましたが、その挑戦は容易《ようい》に一人で踏み出せるものではなく、たとえ踏み出せても、自らの人生を希望の光で照らすまでには、それ以上の困難が伴《ともな》います。

だからこそ、険《けわ》しい峰《みね》を登り続けるためのザイル（綱）となる「心の絆」と、ハーケン（岩釘《いわくぎ》）となる「励ましの楔《くさび》」が必要となってくる。

冒頭で触《ふ》れた思想家のエマソンも、愛息《あいそく》を病気で亡《な》くす前に、妻や弟たちを相次いで失う悲哀《ひあい》に見舞われましたが、歳月《さいげつ》を重ねる中で「導《みちび》き手、あるいは守り神の相貌《そうぼう》を帯《お》びてくる」（酒本雅之訳『エマソン論文集上』岩波書店）との思いを綴《つづ》り、自身のその後の生き方に良い変化をもたらす力になったとも述べています。

故郷を失うつらさに通じる言葉として挙《あ》げた作家のサン＝テグジュペリも、その後の文章で、「人間に恐ろしいのは未知の事柄《ことがら》だけだ。だが未知も、それに向って挑《いど》みかかる者にとってはすでに未知ではない」「救いは一歩踏み出すことだ。さてもう一歩。そしてこの同じ一歩を繰返すことだ……」（堀口大學訳『人間の土地』、『世界文学全集77』所収、講談社）との気迫こもる言葉を記しています。

また、突然の病気で仕事を続けられなくなった免疫《めんえき》学者の多田富雄氏も、ダンテの『神曲』にならうかのように、「今いる状態が地獄ならば、私の地獄篇を書こう」と述べ、「これからどうなるかわからないが、私が生きた証拠《しょうこ》の一部になる」（『寡黙なる巨人』集英社）と執筆《しっぴつ》を再開し、生きがいを取り戻しました。

東日本大震災が発生した日の夜、雪が舞う中で懸命に支援物資の積み込み作業に当たる創価学会の青年部員（2011年3月、山形・米沢市内）

そうした悲劇からの蘇生《そせい》のドラマの一つ一つには、必ず、心の支えとなった人たちの存在があったに違いありません。

1906年のサンフランシスコ大地震直後の人々の姿を調査した、哲学者のウィリアム・ジェイムズも、「体験を分かち合った場合には苦難や喪失《そうしつ》は何か違ったものになる」との結論を導《みちび》いています（レベッカ・ソルニット『災害ユートピア』高月園子訳、亜紀書房）。

この分かち合いこそが、「前に進もうとする気力」をすぐさま奮《ふる》い起こすことができなくても、苦悩《くのう》に沈《しず》む人々が「頭《こうべ》を上げよう」とする気持ちを抱《いだ》くようになる契機《けいき》となっていくのではないでしょうか。

そのためには一方的に話をするのではなく、何よりもまず、じっと心の声に耳を傾《かたむ》けることが欠かせません。その中で相手の苦しみに心を震《ふる》わせ、少しでも分かち合いたいとの思いから生まれる励ましであってこそ、相手の心の奥に沈む残り火に息を吹きかけることができるに違いない。

釈尊が説いた八万法蔵《はちまんほうぞう》という膨大《ぼうだい》な教説も、その大半は、哲学者のカール・ヤスパースが「仏陀《ぶっだ》はひとりひとりに語り、小さなグループで語った」「一切の者にむかうとは、ひとりひとりの人にむかうことにほかならない」（峰島旭雄訳『佛陀と龍樹』理想社）と記《しる》したように、さまざまな悩みに直面する一人一人と向き合う中で説かれたものでした。「友よ」と呼びかけ、相手の心にどこまでも寄り添い、対話を通して苦しみの本質を浮《う》かび上がらせながら、本人の気づきを促《うなが》し、血肉化《けつにくか》できるような諭《さと》しの言葉をかけたのです。

仏法の智慧は、毒矢《どくや》の譬《たと》え※2に象徴されるように、形而上学的《けいじじょうがくてき》な概念や哲学的な論争にふけるのではない。あくまで、目の前にいるかけがえのない一人を何としても救いたいとの思いがその源にあるからこそ尽きることなく顕現《けんげん》しゆくものにほかなりません。

日蓮大聖人の教えにおいても、弟子たちの苦難をわが事のように嘆《なげ》き、抱《だ》きかかえるように励ましながら、試練《しれん》に負けない人生を歩むことを願う〝慈愛《じあい》と祈りの結晶《けっしょう》〟として発せられた言々句々《げんげんくく》が、現代においても私どもの人生の重要な指針となっています。

1 文応元年（1260年）7月16日、日蓮大聖人が鎌倉幕府の実質的な最高権力者である北条時頼に提出した書。災難を嘆き、その根本原因を尋ねる客に対して、主人が立正安国を説くという10問9答の問答形式で展開される。

2 観念的な議論にふける弟子を戒めるために釈尊が説いた譬え。〝毒矢で射られて苦しんでいる人が、だれが矢を射たのか、矢はどんな材質だったのか判明しないうちは治療しないでほしいとこだわっているうちに、命を落としてしまった〟との譬えを通し、人々の苦しみを取り除く現実の行動にこそ、仏教の本義があることを諭した。

メモ1 国連支援としての提言

第2代会長・戸田先生は、20世紀の2度にわたる世界大戦に対する反省の上に創設された国連について、「国連は、20世紀の英知の結晶《けっしょう》である。この希望の砦《とりで》を、次の世紀へ断じて守り抜き、大きく育てていかねばならない」と述べた。この恩師の遺訓《いくん》の実践《じっせん》として、池田先生は1983年以来、1・26「SGIの日」に寄《よ》せて40回にわたり提言を発表してきた。

2006年に発表した国連提言「世界が期待する国連たれ――地球平和の基軸《きじく》・国連の大使命に活力を」で池田先生は、「人類の議会」である国連の使命を改めて確認するとともに、提言の執筆《しっぴつ》に取り組んできた真情を次のように紹介している。

「私は、世界各地を回る中で、多くの人びとが国連に対して抱《いだ》いている強い期待や願望を感じてきました。そうした人びとの思いを、国や民族や宗教の違いを超えて一つに結びつけ、国連支援の輪を広げるべく、私は世界の指導者や識者との対話を重ねてきたのであります。こうした『文明間の対話』や『宗教間の対話』に取り組む一方、時代変革のための具体策を打ち出す作業が欠かせないとの思いから、1983年以来、毎年、平和提言を発表してまいりました。そして、国連強化の道を展望し、さまざまな角度からの提案を続けるとともに、民衆レベルでの国連支援の重要性を訴えてきたのであります」

2013年

2013年（第38回「SGIの日」記念提言）

「2030年へ平和と共生の大潮流」

時代背景――2012年の主な出来事

●国連持続可能な開発会議（リオ＋《プラス》20）が開催

ブラジルのリオデジャネイロで6月、「国連持続《じぞく》可能《かのう》な開発会議」が開催された。地球環境の保護《ほご》や持続可能な開発の考え方に大きな影響を与えた1992年の「国連環境開発会議（地球サミット）」（開催地＝リオデジャネイロ）から20周年の節目《ふしめ》に行われたことから、同会議は「リオ＋20」と呼ばれている。会議では成果文書として「我々の求める未来」が採択《さいたく》され、持続可能な開発目標（SDGs）の策定《さくてい》に向けて交渉《こうしょう》を進めていくことなどが決まった。

この提言の全文はこちらから読むことができます

要旨

２０１３年の提言ではまず、国連で「持続可能な開発目標」の制定が目指されていることに触《ふ》れ、その精神的基軸《きじく》に「生命の尊厳《そんげん》」を据《す》えることを提唱しています。貧困《ひんこん》や格差、人権侵害《しんがい》、差異《さい》に基《もと》づく紛争《ふんそう》や対立の問題に言及し、解決への方途を仏法思想を通して探《さぐ》りつつ、社会で育《はぐく》むべき精神性として、「他者と苦楽を共にしようとする意志」「生命の無限の可能性に対する信頼」「多様性を喜び合い、守り抜く誓《ちか》い」の３点を挙《あ》げています。

続いて、「核兵器の禁止と廃絶《はいぜつ》」「人権文化の建設」に向けた方途に論及。２０１５年にG８サミット（主要８カ国首脳会議）を開催する際に『核兵器のない世界』のための拡大首脳会合」を行うことや、２０３０年までに「世界全体の軍事費の半減」を目指すことを訴えています。また、極度の貧困に苦しむ人々が尊厳を取り戻すための「社会的保護《ほご》の床《ゆか》」を整備《せいび》することや、「人権教育と研修のための地域拠点《きょてん》」を設《もう》けることを提案。最後に日中関係について論じながら、対話や「東アジア環境協力機構」の設立を通し、青年たちが人類の未来のために貢献《こうけん》する時代を築くことを呼びかけています。

視座 1

〝蔑《ないがし》ろにしてはならないもの〟を問い直す

――文豪ゲーテの文明批評《ひひょう》

「ミレニアム開発目標※1」に続く新目標として、国連で「持続可能《じぞくかのう》な開発目標」の議論が進む状況を踏まえ、2030年までに何を成し遂《と》げ、どのような世界を築くかという地球社会のグランドデザイン（青写真）を描く必要があると強調。また、ドイツの文豪ゲーテの文明批評《ひひょう》を紹介しつつ、人類が立ち向かうべき現代文明の病理について述べ、平和と共生の地球社会へ確かな歩みを導《みちび》くような精神的機軸《きじく》の必要性に言及しています。

昨年（2012年）6月の「リオ＋20」（国連持続可能《じぞくかのう》な開発会議）で、新たに「持続可能な開発目標」の制定を進めることが決まり、先月（2012年12月）には検討のための作業部会が設立されました。

新目標の期限として予定されている2030年までに何を成し遂《と》げ、どんな世界を築いていくのか――今こそ衆知《しゅうち》を結集して、地球社会のグランドデザイン（青写真）を描き出すべきであると訴えたい。

◇

「今はすべてが悪魔的速度で、思考においても行動においても一瞬《いっしゅん》たりとも休むことなく走り過ぎていく」

「若者たちは非常に幼いうちから急《せ》き立てられ、時の渦《うず》に飲み込まれていく。豊かさと速さこそ世間が称賛《しょうさん》し、誰もが求めてやまないものとなった」（マンフレート・オステン『ファウストとホムンクルス』石原あえか訳、慶應義塾大学出版会）

この鋭《するど》い文明批評《ひひょう》は、現代の思想家によるものではありません。18世紀後半から19世紀にかけて活躍した文豪ゲーテの言葉です。

私は現在、ワイマール・ゲーテ協会顧問《こもん》のマンフレット・オステン博士と、ゲーテの思想と人生をめぐる連載対談を行《おこな》っています。

オステン博士は、ゲーテが『ファウスト』でこの文明の病理を真正面から取り上げ、「すばやいマント」（移動手段）や「すばやい剣」（兵器）、「すばやい金」（マネー）を駆使《くし》して欲望《よくぼう》を次々とかなえながらも、ついには破滅《はめつ》する人間の姿を描いたことに、注目していました（「加速する時間あるいは人間の自己破壊」山崎達也訳、『東洋学術研究』第44巻第1

号)。

そして、ファウストのためにメフィストが提供したこれらのものを、「形態《けいたい》と呼称《こしょう》は二一世紀初頭と異なるものの、内容的にはまったく同一のものをさす件《くだん》の悪魔的速度の道具」と位置付け、「現代人にはファウスト博士を同時代人と認める能力が備《そな》わっているのだろうか?」と訴えましたが(前掲『ファウストとホムンクルス』)、一体どれだけの人が自分たちの社会と無縁な話と受け流せるでしょうか。

自国を守るために人類を絶滅《ぜつめつ》させかねない核兵器しかり、格差の拡大や弱者の切り捨《す》てを招いてきた競争至上《しじょう》主義的な社会しかり、経済成長の最優先《さいゆうせん》で歯止めのかからない環境破壊しかり、投機《とうき》マネーによる価格高騰《こうとう》が引き起こす食糧危機しかり、であります。

その結果、蔑《ないがし》ろにされてはならないものが、いとも簡単《かんたん》に踏みにじられる悲劇《ひげき》が何度も

SGIとICAN(核兵器廃絶国際キャンペーン)が共同制作した「核兵器なき世界への連帯——勇気と希望の選択」展(2012年8月、広島市内)

生じている。それもメフィストの助力《じょりょく》を借《か》りずして――。ゲーテが剔抉《てっけつ》した病理は、現代においてまさに極《きわ》まれりと言うほかありません。

ミレニアム開発目標の趣旨《しゅし》は〝世界から、できうる限りの悲惨《ひさん》をなくす〟ことにありましたが、この文明の病理に本腰を入れて対処することなくして、事態の改善が一時的に図られたとしても、次々と問題が惹起《じゃっき》し、状況が再び悪化してしまう恐れが残ります。

では、その荊棘《けいきょく》を前にして、2030年に向けた新たな挑戦にどう取りかかっていけばよいのか。

「いつかは終局に達するというような歩き方では駄目《だめ》だ。その一歩々々が終局であり、一歩が一歩としての価値を持たなくてはならない」(エッケルマン『ゲェテとの対話』上、亀尾英四郎訳、岩波書店。現代表記に改めた)との、ゲーテの言葉が示唆《しさ》を与えてくれると、私は考えます。

つまり、事態改善に向けての努力を弥縫策《びほうさく》に終わらせず、さまざまな脅威《きょうい》に苦しむ人々が「生きる希望」や「尊厳《そんげん》ある生」を取り戻すための糧《かて》として、一つまた一つと結実させながら、時代の潮流《ちょうりゅう》を破壊から建設へ、対立から共存へ、分断《ぶんだん》から連帯へと向け直す挑戦を進めていくことです。

ゆえに新目標の制定においても、〝社会で蔑ろにしてはならないものは何か〟を問い直しつつ、平和と共生の地球社会に向けての確かな一歩一歩を導《みちび》くような精神的基軸《きじく》を据《す》えることが求められます。私は、その基軸として「生命の尊厳」を提示《ていじ》したい。

平和と共生の地球社会を一つの建物に譬《たと》えるならば、「人権」や「人間の安全保障」などの理念は建物を形づくる柱であり、「生命の尊厳」はそれらの柱を支える一切の土台と位置付けることができます。

その土台が抽象的な概念にとどまっている限り、危機や試練に直面した時、柱は不安定になり、建物の瓦解《がかい》も防げない。建物の強度を担保する礎《いしずえ》として十分な重みを伴《ともな》い、一人一人の人間の生き方という大地に根を張ったものでなくては意味を持ち得ません。

視座2

生命の尊厳《そんげん》は他者との関わり合いの中で輝く

――自己責任論の驕《おご》りを打ち破った釈尊

ミレニアム開発目標の中心的な課題であった貧困の問題について、サハラ以南のアフリカなどで厳しい状況が続く一方、豊かな国の間でも格差という形で深刻化しており、困窮《こんきゅう》した人々は孤立感《こりつかん》を深め、尊厳《そんげん》を傷つけられていると指摘。経済的な側面からの貧困問題への取り組みに加え、他者とのつながりや生きがいの回復を通じた「社会的包摂《ほうせつ》」の重視が叫ばれていることを踏まえ、かけがえのない他者の生命を守り、自他共の尊厳を輝かせていく行動を粘《ねば》り強く起こしていく中で、一人一人を大切にする「社会的包摂」の基盤は揺《ゆ》るぎないものになっていくと強調しています。

多くの人々の尊厳《そんげん》を脅《おびや》かす貧困《ひんこん》の問題は、経済的に豊かな国々の間でも深刻化しています。

いわゆる「格差社会」の問題です。

この問題を研究するリチャード・ウィルキンソン氏とケイト・ピケット氏は、経済的な困窮《こんきゅう》と相《あい》まって、格差がもたらす人間関係の劣化《れっか》が人々の苦しみをさらに強め、その悪影響が巡《めぐ》り巡って社会全体を蝕《むしば》んでいるとして、次のような警告《けいこく》を発しています。

いわく、格差が大きくなればなるほど人々の健康や社会的な問題は深刻さを増すにもかかわらず、「格差社会ほど人々は互いを構《かま》わなくなり、人間関係も希薄《きはく》になって、自力で世渡りしていかなければならなくなる。だから、どうしても信頼関係は弱くなる」。「格差は、社会をさまざまな側面で全体的に機能不全に陥《おとしい》れる」のであり、「貧困層だけでなくすべての所得層の人がうまくいっていない」状態を招いてしまうことになる、と（『平等社会』酒井泰介訳、東洋経済新報社）。

経済的な困窮は、それだけでも、毎日の一つ一つの出来事に生きづらさを感じさせるものです。そこに追い打ちをかけ、不条理性を増すのは、自分が軽視されたり、疎《うと》んじられたりして、居場所や生きがいを失い、社会とのつながりを断たれてしまうことではないでしょうか。

「なぜ自分がこのような目に遭《あ》わなければならないのか」と煩悶《はんもん》しながらも、何とか少しでも前に進みたいと願う人々にとって、そうした周囲《しゅうい》の視線や冷たい反応が、どれだけ尊厳を傷《きず》つけ、孤立感を深めさせてしまうことか。

近年、経済的な側面からの貧困問題への取り組みに加えて、他者とのつながりや生きがいの回復を通じた「社会的包摂《ほうせつ》」のアプローチの重視が叫ばれているのは、そうした観点を踏まえてのものと思われます。

時代状況は異なりますが、仏法の成立にあたって、その出発点に横たわっていたのも、〝さまざまな苦しみに直面する人々に、どう向き合えばよいのか〟とのテーマでした。

何不自由のない生活が約束された王族に生まれた釈尊が、若き日に出家を決意するまでの心境の変化は、四門出遊《しもんしゅつゆう》※2の伝承《でんしょう》に凝縮《ぎょうしゅく》した形で描かれています。しかし釈尊の本意は、生老病死を人生に伴《ともな》う根本苦として、無常をはかなむことにはなかった。

釈尊は後に当時の心境について、「愚《おろ》かな凡夫《ぼんぷ》は、自分が老いゆくものであって、また、老いるのを免《まぬか》れないのに、他人が老衰《ろうすい》したのを見ると、考えこんで、悩み、恥《は》じ、嫌悪《けんお》している――自分のことを看過《かんか》して」との思いがよぎり、病《やまい》や死に対しても人々が同じ受け止め方をしていることを感じざるを得なかったと回想しています（中村元『ゴータマ・ブッダⅠ』、『中村元選集〔決定版〕第11巻』所収、春秋社）。

あくまで釈尊の眼差しは、老いや病に直面した人々を――それがやがて自分にも訪れることを看過して――忌《い》むべきものと差別してしまう〝心の驕《おご》り〟に向けられていたのです。

であればこそ釈尊は、周囲から見放された高齢の人や、独《ひと》りで病気に苦しんでいる人を見ると、放っておくことができなかった。

それを物語る逸話《いつわ》が残っています。

――一人の修行僧が病を患《わずら》い、伏《ふ》せっていた。

その姿を目にした釈尊が「汝《なんじ》はどうして苦しんでいるのか。汝はどうして一人で居るのか」と尋《たず》ねると、彼は答えた。「私は生まれつき怠《なま》けもので、［他人を］看病《かんびょう》するに耐《た》えられませんでした。それで今、病気にかかっても看病してくれる人がありません」

それで釈尊は「善男子《ぜんなんし》よ。私が今、汝を看《み》よう」と述べ、汚《よご》れていた敷物《しきもの》を取り換えただけでなく、彼の体を自ら洗い、新しい衣にも着替えさせた。

その上で釈尊は、「自ら勤め励みなさい」との言葉をかけ、修行僧は心も身も喜びにあふれた、と（玄奘『大唐西域記』水谷真成訳、『中国古典文学大系22』所収、平凡社）。

思いもよらない献身的《けんしんてき》な介護《かいご》もさることながら、釈尊が他の健康な弟子たちにかけるのと何ら変わらない言葉を自分にもかけてくれたことが、尽きかけようとしていた彼の生命に〝尊厳の灯火《ともしび》〟を再び燃え立たせたに違いないと、私には思えてなりません。

目の前の人に寄り添い、苦楽を共にする

その上で、この逸話を、他の経典における伝承と照らし合わせると、もう一つの釈尊の思いが浮かび上がってきます。

――釈尊は、修行僧の介護をした後、弟子たちを集めて、次々と尋ね聞いた。その結果、修行僧が重病に苦しんできたことも、どんな病気を患っていたかも、弟子たちが以前から承知していたことを知った。

にもかかわらず、誰一人として手を差し伸べようとしなかったのはなぜか。

弟子たちから返ってきた答えは、修行僧が病床《びょうしょう》で語っていた言葉の鏡写しともいうべき、「彼が他の修行僧のために何もしてこなかったので、自分たちも看護《かんご》しなかった」との言葉だった(「律蔵大品」から趣意)。

この答えは、現代的に表現すれば、「日頃《ひごろ》の行いが悪いから」「本人の努力が足りないから」といった自己責任論に通じる論理といえましょう。それが、修行僧にとっては運命論を甘受《かんじゅ》する〝あきらめ〟となって心を萎《な》えさせ、他の弟子たちにとっては傍観視《ぼうかんし》を正当化

する〝驕り〟となって心を曇《くも》らせていた。

そこで釈尊が、弟子たちの心の曇りを晴らすべく、気づきを促《うなが》すように説いたのが、「われに仕えようと思う者は、病者を看護せよ」（前掲『ゴータマ・ブッダI』）との言葉でした。

つまり、仏道を行じるとはほかでもない。目の前で苦しんでいる人、困っている人たちに寄り添い、わが事のように心を震《ふる》わせ、苦楽を共にしようとする生き方にこそある、と。

ここで留意《りゅうい》すべきは、そうした過程で尊厳の輝きを取り戻すのは、苦しみに直面してきた人だけでなく、その苦しみを共にしようとする人も同時に含《ふく》まれているという点です。

生命は尊厳であるといっても、ひとりでに輝くものではない。こうした関わり合いの中で、他者の生命は真《しん》に〝かけがえのないもの〟として立ち現れ、それをどこまでも守り支えたいと願う心が自分自身の生命をも荘厳《そうごん》するのです。

また釈尊が、先の言葉で「われ（仏）」と「病者」を等値《とうち》関係に置くことで諭《さと》そうとしたのは、病気の身であろうと、老いた身であろうと、人間の生命の尊さという点において全く変わりはなく、差別はないという点でした。

その意味から言えば、他人が病気や老いに苦しむ姿を見て、人生における敗北であるかのようにみなすことは誤りであるばかりか、互いの尊厳を貶《おとし》めることにつながってしまう。

釈尊の思想の中で「法華経」を最重視した日蓮大聖人は、「法華経」において生命尊厳の象徴として登場する宝塔《ほうとう》の姿を通し、「四面《しめん》とは生老病死なり四相《しそう》を以《もっ》て我等《われら》が一身《いっしん》の塔《とう》を荘厳するなり」（全740・新1031）と説きました。

つまり、宝塔を形づくる四つの面は、生老病死に伴《ともな》う苦しみを乗り越えていく姿（四つの相）をもって輝きを増すのであり、一見、マイナスでしかないように思われる老いや病、そして死さえも、人生を荘厳する糧《かて》に昇華《しょうか》できる、と。

生命の尊厳といっても、現実のさまざまな苦悩を離れて本来の輝きを放つことはできず、苦悩を分かち合い、どこまでも心を尽くす中で、「自他共の幸福」への道を開く生き方を、仏法は促しているのです。

ゆえに私ども創価学会は、草創《そうそう》の頃から、「貧乏人《びんぼうにん》と病人の集まり」と時に揶揄《やゆ》されながらも、さまざまな苦しみを抱《かか》える人々の真っただ中で〝共に支え合って生きる〟ことを最大の誇《ほこ》りとして前進を続けてきました。

まして昨今は、災害や経済危機に象徴される「突然襲《おそ》いくる困窮の危険」が、多くの人々から大切なものを一瞬にして奪い、背負い切れない苦しみをもたらす事態が各地で相次いでいるだけに、孤立化を防ぐ要請《ようせい》はますます高まってきているといえましょう。

3年前（2010年）のハイチ大地震や2年前（2011年）の東日本大震災のように、甚大な災害に見舞われた地域では、復興がいまだ本格的に進んでいない場所が少なくありません。

何より、被災した方々の「心の復興」や「人生の復興」という大きな課題があります。そこで大切なのは、被災した方々の苦しみを忘れず、社会をあげて被災地の再建を全力で支えることであり、「生きる希望」を共に育む絆を、十重二十重《とえはたえ》に結んでいくことではないでしょうか。

苦しんでいる人がいれば、その人に笑顔が戻るまで徹《てっ》して励まし続け、苦楽を分かち合い、どこまでも一緒に寄り添っていく――こうした〝共に生きようと願う人々の絆《きずな》〟がある限り、一つの苦難を乗り越えた先で、再び別の試練《しれん》が訪れたとしても、不条理の闇《やみ》を打ち払う陽光が必ず差し込んでいくはずです。

その確信を手放すことなく、「かけがえのないものを守り、自他共の尊厳を輝かせていく」行動を粘《ねば》り強く起こしていく中に、格差社会の克服《こくふく》をはじめ、一人一人を大切にする「社会的包摂」の基盤《きばん》を揺るぎないものにする要諦《ようてい》があると、私は考えるのです。

視座3

多様性を喜び合い、守り抜く誓《ちか》い

――セン博士が注目した「アイデンティティの複数性」

グローバル化が進み文化的背景の異なる人々との交流の機会が増えた一方で、本来、多様性の源であるはずの差異《さい》が因の暴力や紛争が後を絶たないことに言及。人間は自己を規定する要素が複層的に折り重なっており、この「アイデンティティの複数性」が現代において人々が集団心理や暴力的な扇動《せんどう》に押し流されないためのカギになると訴えた経済学者のアマルティア・セン博士の洞察《どうさつ》を紹介しています。さらに、その人ならではの「生の豊かさ」に目を向けた時、分断《ぶんだん》を超えて友情や共感の絆《きずな》が生まれる糸口があると指摘しています。

私が長年、さまざまな民族や宗教を背景とする人々と対話をする中で強めてきたのは、多様性は単に尊重すべき対象にとどまらず、自己を見つめ直し、互いの生の意味を豊かにする源泉《げんせん》であるとの実感です。

現代の世界を貫《つらぬ》くグローバル化と情報化社会という二つの潮流は、文化的な背景が異なる人々と交流する機会を飛躍的《ひやくてき》に増大させるとともに、意思の疎通《そつう》を瞬時《しゅんじ》に図ることのできる手段を発達させました。

しかし一方で、この二つの潮流は、経済を軸《じく》としたフラット化（均質化《きんしつか》）が各地の文化的土壌《どじょう》を浸食《しんしょく》する現象や、越境して移住する人々の増加に伴《ともな》う文化的な摩擦《まさつ》をめぐって憎悪や排他的《はいたてき》な感情が声高に煽《あお》られる現象を招いています。

そのために、本来は多様性の源である差異《さい》が、攻撃の的《まと》や社会を分かつ壁《かべ》と化して、暴力や紛争に発展するケースは後を絶《た》たず、人々の生命や尊厳が脅《おびや》かされる事態が相次いでいることが強く懸念《けねん》されます。

◇

一人の人間には民族や宗教だけでなく、さまざまに自己を規定する要素が複層的に折り重なっています。この「アイデンティティの複数性」が、現代において人々が集団心理や暴力的な扇動《せんどう》に押し流されないためのカギになると訴えたのは、経済学者のアマルティア・セン博士でした。

幼い頃、紛争で多くの人が〝宗教の違い〟だけを理由に命を奪《うば》われる姿を目にして、深く胸を痛め、その悲劇《ひげき》を防ぐための研究と思索《しさく》を続けてきたセン博士は、「たとえ暗黙《あんもく》の

中国最大の青年団体である「中華全国青年連合会」の本部を創価学会の青年の代表が訪問（2024年7月、北京）。友誼の交流は池田先生が1984年の第6次中国訪問の折に提案し、翌85年に最初の交流議定書が調印された

うちにであっても、人間のアイデンティティは選択の余地のない単一《たんいつ》基準《きじゅん》のものだと主張することは、人間を矮小化《わいしょうか》するだけでなく、世界を一触即発《いっしょくそくはつ》の状態にしやすくなる」と警《けい》告《こく》した上で、こう述べています。

「問題の多い世界で調和を望めるとすれば、それは人間のアイデンティティの複数性によるものだろう。多様なアイデンティティはお互いを縦横《じゅうおう》に結び、硬直《こうちょく》した線で分断《ぶんだん》された逆らえないとされる鋭《するど》い対立にも抵抗《ていこう》する」（大門毅監訳／東郷えりか訳『アイデンティティと暴力』勁草書房）と。

同じ民族に属《ぞく》していようと、同じ宗教を信じていようと、育った環境も違えば、職業や趣味《しゅみ》も違い、信条や生き方も異なる。人それぞれ千差万別なのが、世界の実相です。民族や宗教の違いとは位相《いそう》を異《こと》にしつつ、人間と人間の一対一の関係において、さまざまなアイデンティティが時に交錯《こうさく》し、共鳴し合う可能性が常に開かれている。

そこに、セン博士が洞察したような、逆らいがたい分断の壁を超えて、友情や共感の絆《きずな》が結ばれる契機《けいき》が生じるといってよい。

私が世界の識者と「文明間対話」や「宗教間対話」を進めるにあたって、家族の話や生い立ち、青春時代の思い出、現在の道に進むまでの経緯《けいい》などを伺《うかが》うとともに、地球的問題群の解決策や人類の未来の展望について幅広く語り合ってきたのは理由があります。

民族や宗教のラベルで埋《う》もれてしまいがちな「その人ならではの人生の豊饒《ほうじょう》さ」と「その人を突き動かしてきた信念」を浮《う》き彫《ぼ》りにしつつ、その相手との間でしかできない生命と生命との交響楽を「対話」を通して奏《かな》で合い、世界を真に人間的なものにするための道筋を照らし出すことを願ってきたからでした。

その交響楽の中で、民族や宗教といった自己と他者の違いを際立たせる差異《さい》さえも、「最良の自己」を互いに顕現《けんげん》していくための、かけがえのない旋律《せんりつ》として立ち現れるのです。

1　2000年9月に採択された国連ミレニアム宣言等をもとにまとめられた国際目標。2015年を目標期限とし、極度の貧困や飢餓に苦しむ人々の半減をはじめ、初等教育の完全普及、乳幼児死亡率の削減、妊産婦の健康改善など、8分野21項目にわたる目標の達成が盛り込まれている。

2　釈尊が王子の頃、遊園に赴くために外出した時、人々の姿を見て人間に生老病死の四苦があることを知った出来事のこと。「修行本起経巻下」には、釈尊が王宮の東門、南門、西門から出た時に、老いや病気に苦しむ人々や死者の姿を見て、最後に北門から出た時に出家者の姿を見る中で、自らも出家を願うようになった、との話が記されている。

メモ2 トインビー博士の信念

西欧中心ではない独自の歴史観で文明の興亡《こうぼう》の法則を体系化し、『歴史の研究』などの著作で知られるイギリスの歴史家アーノルド・J・トインビー博士（1889〜1975）。ロンドン大学教授や王立国際問題研究所研究部長などを歴任し、「20世紀最大の歴史家」と称《しょう》される博士が、池田先生との対話や著作を通して繰り返し強調していたのは、「歴史の教訓《きょうくん》」という言葉であった。

池田先生は「透徹《とうてつ》した歴史眼をもって何千年もの歴史から教訓を汲み取り、現代世界への警《けい》告《こく》を怠《おこた》らなかった」と博士を評しつつ、現代の諸課題解決の方途を考察《こうさつ》するにあたり、「手の届くところにあって、未来を照らしてくれる唯一《ゆいいつ》の光は、過去の経験である」との博士の言葉を紹介している。

災害や経済危機といった人々の生存・生活・尊厳《そんげん》に深刻なダメージをもたらす「突然襲いくる困窮《こんきゅう》の危険」に、いかに立ち向かうかについて論及した2012年の提言、さらに、未曽有のコロナ危機の克服《こくふく》という〝海図なき航海〟において、どのように羅針盤《らしんばん》となるものを探《さぐ》っていくかを論じた2021年の提言では、これまでの人類の歩みから教訓を汲み取りつつ、事態打開に向けた方途を示している。

2014年

2014年（第39回「SGIの日」記念提言）

「地球革命へ 価値創造の万波《ばんぱ》を」

この提言の全文はこちらから読むことができます

時代背景――2013年の主な出来事

●世界各地で相次ぐ自然災害

モザンビーク・ジンバブエの大雨（1月）、インド・ネパールの大雨（6月）、東シベリア南部の洪水《こうずい》（7～9月）、パキスタン・アフガニスタンの大雨（8月）、インドシナ半島の大雨（9～10月）、フィリピンの大型台風（11月）、ソマリアのサイクロン（11月）など各地で自然災害が多発した。1月にスイスのダボスで行われた世界経済フォーラムの年次総会では、「社会のレジリエンスの強化」が議論の柱の一つになるなど、脅威《きょうい》への備《そな》えや、いかに社会を回復させるかという観点での取り組みが改めて注目されるようになった。

要旨

２０１４年の提言ではまず、災害や異常気象の被害が深刻化する状況を踏まえ、脅威に対処し未来を切り開く力としての「レジリエンス」の意義に言及しています。「持続可能《じぞくかのう》な地球社会」に向けて一人一人がなし得る挑戦として、①常に希望から出発する価値創造、②連帯して問題解決にあたる価値創造、③自他共の善性《ぜんせい》を呼び覚《よさ》ます価値創造、の３点を提起し、すべての人々の尊厳《そんげん》が輝く社会の建設を呼びかけています。

続いて、ミレニアム開発目標に続く国連の新しい共通目標の柱に、教育と青年を加えることや、国連の枠組《わくぐ》みで「世界市民教育プログラム」を設《もう》けることを提唱。また、災害や異常気象に関して近隣諸国で連携を深めることが、安全保障の質的転換につながると強調し、その先行モデルをアジアで構築するよう提案しています。

最後に、世界の青年たちの参加を主軸にした「核廃絶サミット」を行い、核時代に終止符《しゅうしふ》を打つ宣言を採択《さいたく》することや、核兵器の人道的影響に関する共同声明の動きなどを軸に国際世論を喚起《かんき》して、核兵器禁止条約の締結《ていけつ》を目指すことを訴えています。

視座1

脅威《きょうい》に立ち向かう価値創造の挑戦

——希望を紡《つむ》ぎ出す「誓願《せいがん》」の生き方

核兵器の脅威《きょうい》や環境問題など、課題が深刻であるためにあきらめや無気力に陥《おちい》ってしまう場合が少なくないことについて、仏法で説く、どんな深刻な状況に見舞われようと自らの使命に立ち上がって行動し〝希望の物語〟を紡《つむ》ぎ出していく「誓願《せいがん》」の生き方に言及。南アフリカのマンデラ元大統領やケニアの環境活動家マータイ博士の生き様を通しながら、誓《ちか》いに生き抜く姿は時代を超えて人々に希望を贈るものになると論じています。

災害や経済危機のような突発的《とっぱつてき》な脅威《きょうい》に見舞われたり、日常的に行われる政治的な弾圧《だんあつ》や人権抑圧の脅威にさらされたりすると、人間は恐怖や悲しみ、また苦しみのあまり、深い絶望に沈《しず》み込《こ》んで、身動きがとれなくなってしまうことが少なくありません。

しかし、絶望の闇《やみ》に人々の心が覆《おお》われ、あきらめと無力感で立ちすくんでしまう状態が続けば、問題の解決は遠のくばかりか、同様の脅威が各地で猛威《もうい》を振《ふ》るう事態が繰り返されてしまうことになります。

こうした絶望の闇を打ち払う希望の光明《こうみょう》は、「自己目的」ではなく、「何かのため、誰かのために苦悩《くのう》するときだけ」（『苦悩する人間』山田邦男・松田美佳訳、春秋社）輝き始めると強調したのは、第2次世界大戦中に強制収容所に送られた時の壮絶《そうぜつ》な体験をつづった『夜と霧《きり》』で知られる、精神医学者のヴィクトール・E・フランクル博士でした。

フランクル博士は、苦難に直面した時の人間精神による応戦劇の真骨頂《しんこっちょう》を、次のように記しています。

「重要なのは、避《さ》けることのできない人生の運命的な打撃《だげき》をどのような態度で、どのような姿勢《しせい》で受け止めるかである。したがって人間は、最後の息を引き取るそのときまで、生きる意味をかちとってわがものとすることができる」（以下、V・E・フランクル／F・クロイツァー『宿命を超えて、自己を超えて』山田邦男・松田美佳訳、春秋社）

博士はこの人間精神による応戦を「態度価値」と名付けました。それは、「どのような条件、どのような状況のもとでも人生には意味がある」との思いを奮《ふる》い起《お》こし、苦難と向き合う中で、その生命の輝きが苦しみを抱《かか》える他の人々を勇気づける光明となり、「自分個人の悲劇《ひげき》を人間の勝利に変える」道をも開く価値創造にほかなりません。

博士が人生最大の苦難に直面した第2次世界大戦中に、思想統制《とうせい》を強める日本の軍部権力と対峙《たいじ》したために投獄された、私ども創価学会の牧口常三郎初代会長も、この「態度価値」を貫《つらぬ》く人間精神の輝きと相通《あいつう》じる、「人格価値」を育《はぐく》むことに教育の最大の目的があると訴えていました。

そして、自らの教育学説を発刊するにあたって、同じく教育者であった弟子の戸田城聖第2代会長との対話を通し、その名称に価値創造を意味する「創価」を冠したのです。この『創価教育学体系』が発刊されてから来年（2015年）で85周年を迎えますが、牧口初代会長はその中で人格価値を体現した姿の例として、「普段はそれほど注目されなくても、何か起こった時には『あの人がいてくれれば』と皆から慕《した》われる人であり、常に社会で人々の心をつなぐ存在」（『牧口常三郎全集第5巻』第三文明社、趣意）を挙《あ》げていました。

現代において、この「人格価値」の光を放ち、世界中の人々に勇気と希望を与えてきたのが、先月（2013年12月）惜《お》しくも亡《な》くなられた南アフリカ共和国のネルソン・マンデラ元大統領でした。

悪名高いアパルトヘイト（人種隔離《かくり》）政策の嵐《あらし》が吹き荒れる中、27年半に及ぶ獄中闘争《ごくちゅうとうそう》を勝ち越えたマンデラ氏も、獄中で母の訃報《ふほう》に接したのに続き、妻が逮捕《たいほ》され、長男までもが事故死するという悲劇が相次いだ時には、さすがに気力を失いかけたといいます。しかし、氏は屈《くっ》することなく、知人への手紙に、「他に何も残っていないとき、希望は強力な武器となります」（『ネルソン・マンデラ　私自身との対話』長田雅子訳、明石書店）とつづりました。

その後、孫娘が生まれた時には、マンデラ氏が最後のよりどころとしてきた〝希望〟を意味する言葉を名付け、彼女がやがて、「アパルトヘイトを遠い記憶に持つ南アフリカの新世代の一員となること」（以下、『自由への長い道（下）』東江一紀訳、日本放送出版協会）を確信し、その夢を現実にするまで闘い抜くことを誓《ちか》って、1万日にわたる獄中生活を耐《た》え抜いたのでした。

マンデラ氏とは二度お会いする中で、歩んできた道は異なるものの、その実現に向かって共に人生をささげてきた、「すべての人間の尊厳が輝く社会」をめぐって語り合ったことが思い起こされます。

特に感銘《かんめい》したのは、アパルトヘイト撤廃《てっぱい》という歴史の新章節を開いたのは自分一人の功《こう》績《せき》ではなく、多くの人々の意志が積み重なってのものであるとのマンデラ氏の信念でした。

1994年に大統領就任《しゅうにん》が決まった際、多くの民衆の前で述べた次の言葉には、その信条が凝縮《ぎょうしゅく》していたように思えてなりません。

「皆さんは、この国を自分の手に取りもどすために、あれだけの穏《おだ》やかで粘《ねば》り強い決意を示し、だから今、屋根の上から高らかな喜びの声を発することができるのです。自由だ、とうとう自由になった、と」

その意味で私は、フランクル博士が提起した点（態度価値は、どんな厳しい環境でも、息を引き取る瞬間《しゅんかん》まで発揮《はっき》できる）に加えて、マンデラ氏が実例をもって強調した点（人格価値は、特別な人間だけではなく、普通の人々にも開かれたものである）において、この価値創造の挑戦には常に二つの希望が宿《やど》っていると強調したいのです。

悲劇の舞台を使命の舞台に

私どもが信奉《しんぽう》する仏法の思想も、自分の置かれた環境がどんな深刻な状況に見舞われようとも、自らの使命を成し遂《と》げるための場と定めて〝希望の物語〟を紡《つむ》ぎ出していく、「誓願《せいがん》」の生き方を促《うなが》しています。

それは、13世紀の日本の封建社会にあって、時の権力者の前で、「王地《おうち》に生《うま》れたれば身をば随《したが》えられたてまつるやうなりとも心をば随えられたてまつるべからず」（全287・新204）と、何ものにも侵《おか》されることのない精神の自由を高らかに宣言した、日蓮大聖人が説いたものでした。

当時、地震や台風などの災害をはじめ、飢饉《ききん》や疫病《えきびょう》が度重《たびかさ》なり、多くの民衆が塗炭《とたん》の苦しみにあえぐ中、大聖人はその状況を何としても打開したいとの思いで、幕府の権力者に対し、政道《せいどう》の誤りを正すよう諫言《かんげん》を重ねました。

そのため、襲撃《しゅうげき》や死罪の宣告に加え、二度の流罪《るざい》に遭《あ》いながらも、「日蓮一度もしりぞく心なし」（全1224・新1635）と、人々の苦しみを取り除くために信念の行動を緩《ゆる》めませんでした。

相次ぐ災難で生きる望みを失いかけた民衆から、最後の気力まで削《そ》ぐような思想に対し、徹底的に闘う一方で、苦悩に打ちひしがれた人々を抱きかかえるように励まし、「地にたうれたる人は・かへりて地よりをく」（全1586・新1931）と、いかなる苦難にも打ち勝つ力が万人の胸中《きょうちゅう》に備わることを訴え、勇気づけていったのです。

例《たと》えば、厳しい状況から何とか抜け出したいと願う人たちに、〝どこか違う場所に行けば、ただちに問題が解決し、幸福になれる〟との思いを抱《いだ》かせる思想に対し、立ち向かった大聖人は、「此《ここ》を去《さ》って彼《かしこ》に行くには非《あら》ざるなり」（全781・新1086）と強調しました。

「浄土《じょうど》と云《い》ひ穢土《えど》と云うも土に二《ふたつ》の隔《へだて》なし只我等《ただわれら》が心の善悪によると見えたり」（全384・新317）とあるように、自分の今いる場所で苦悩と正面から向き合い、絶望の闇《やみ》に覆《おお》われかけたその場所を「悲劇の舞台」から「使命の舞台」へと変えていく。そして、苦悩に挑《いど》む自身の姿を通し、「同じ苦しみを抱える人々が、生きる希望を取り戻す場」へと転換させる道を選び取るよう、促《うなが》したのです。

さらに大聖人は、社会でどんな悲劇が起ころうとも我関《われかん》せずと自分の世界に閉じこもる「現実逃避《とうひ》」の傾向《けいこう》を強めかねない思想に対しても、誤りを正すために闘い抜きました。

――仏教でも、不幸に沈む人々を救う方便《ほうべん》として、苦しみや迷《まよ》いといった執着《しゅうちゃく》から離れる道を説いたものがある。しかしそれは、あくまで仮《かり》の教えであって、釈尊の本意ではない。

ゆえに、法華経薬王品の「離一切苦《りいっさいく》」（一切の苦を離れしむ）の経文についても、『離』の字を『明《あき》らむ』と読むのである」（全773・新1076、趣意）と。

つまり、目の前の問題をあたかも存在していないかのように意識から閉め出すのは、問題の先延《さきの》ばしにすぎないばかりか、状況をより悪化させるだけであり、苦しみに真正面から向き合って原因を明らかにし、解決への道筋を見極めつつ、悲劇に見舞われる前の状況よりも、平和で幸福な社会を築く道を選び取るべきであると説いたのです。

また大聖人は、社会の混迷《こんめい》が深まる状況を動かし難《がた》い現実として甘受《かんじゅ》するほかないといった「現実追従《ついじゅう》」の思想に対しては、仏法で説く「如蓮華在水《にょれんげざいすい》」の法理を通し、混迷《こんめい》が深ければ深いほど人間の生命は限りない力を湧《わ》き出すことができると強調しました。

蓮華の花が泥水《でいすい》の中にあって、汚《よご》れに染まることなく美しい花を咲かせるように、社会に混迷をもたらすさまざまな課題の只中《ただなか》に勇んで身を投じ、現実の課題との格闘の中から、自己の生命力を強めるための養分を、一つまた一つと汲《く》み上げていく。その中で、自分自身を〝希望の大輪〟として花開かせるとともに、社会に〝現実変革の実《みの》り〟をもたらす道を選び取るように訴えたのです。

翻《ひるがえ》って現代においても、核兵器の脅威《きょうい》や環境破壊のように問題が深刻であればあるほど、できるだけ考えないでおきたい課題として遠ざけようとする風潮《ふうちょう》が強く、たとえ危機意識を持った人でも、自分一人が行動したところで何も変わらないとあきらめてしまう場合が少なくありません。

その無意識や無気力の壁《かべ》を破るには、マンデラ氏が「人間として、何もせず、何も言わず、不正に立ち向かわず、抑圧《よくあつ》に抗議《こうぎ》せず、また、自分たちにとってのよい社会、よい生活を追い求めずにいることは、不可能」(前掲『自由への長い道(下)』)と叫んだような〝使命感〟や、環境活動家のワンガリ・マータイ博士が「私たちは、傷ついた地球が回復するのを助けるためにこの世に生を受けた」(アンゲリーカ・U・ロイッター/アンネ・リュッファー『ピース・ウーマン』松野泰子・上浦倫人訳、英治出版)と述べたような〝誓い〟に貫かれた行動が、何よりも必要となってくると私は考えます。

先ほどの「如蓮華在水」も、混迷深まる時代に生まれることを自ら求め、失意に沈む人々のために行動する生き方を貫くことを、釈尊の前で「誓願」した地涌《じゆ》の菩薩《ぼさつ》の姿を示した法華経の言葉でありました。

ここで言う「誓願」は、誰かが行動することを期待して事態の変化を待ちわびるような願望でも、状況が厳しくなった時に吹き飛んでしまうような約束でもない。どんな困難や試練が押し寄せても、どれだけ歳月《さいげつ》や労力がかかっても、必ず成し遂げていく——自分の全存在を賭《か》けた〝生きる証《あか》し〟の異名ともいうべきものにほかなりません。

◇

理想が大きければ大きいほど、自分の代だけで完全に果たすことができない場合もあるかもしれない。

しかしマンデラ氏やマータイ博士のように、自分の存在と切り離せない〝使命感〟や〝誓い〟に生き抜く姿は、その一生を終えた後でも、多くの人々を勇気づける導《みちび》きの星となって輝き続けるのであり、その原理は大聖人が「未来までの・ものがたりなに事《ごと》か・これにすぎ候《そうろう》べき」（全1086・新1477）と示していたものでもありました。

いかなる状況の下《もと》でも、どんな人であっても発揮でき、未来までも照らすことができる――この三重《さんじゅう》の意義を持った〝希望〟から常に出発する価値創造の挑戦こそ、深刻な脅威や問題に立ち向かうための基盤《きばん》となり、「平和と共生の地球社会」というビジョンを実現するための架橋《かきょう》となるのではないでしょうか。

視座2

自《じ》他《た》共《とも》の善性《ぜんせい》を呼び覚ます価値創造

——善悪二元論を乗り越える「十界互具《じっかいごぐ》」の法理

第1次世界大戦以来の戦争の様相の変異を特徴《とくちょう》付けるものとして、「対象の無差別性」と「手段の無制限性」があると指摘。それらは人道や人権の精神に反するだけでなく、その根底には、ひとたび〝敵〟とみなした相手にはどんな手を用いても構わないとする究極の排除《はいじょ》の思想があると述べています。そうした憎悪《ぞうお》や排他《はいた》の感情を乗り越えるための方途を、ガンジーの非暴力闘争や、善悪二元論的な思想を乗り越える視座を提供する仏法の「十界互具《じっかいごぐ》」の法理等を通して洞察《どうさつ》しています。

今年（2014年）で第1次世界大戦の勃発《ぼっぱつ》から100年となりますが、戦争の様相はこの大戦を境目に大きな変異を遂《と》げたと言われます。

その一つは「対象の無差別性」で、工業力の発達で距離や地理的制約《せいやく》を超えての攻撃《こうげき》が可能となり、前線と銃後《じゅうご》の境界が実質的に消滅《しょうめつ》する中、戦闘機による一般市民を巻き込んだ都市爆撃や、潜水艦《せんすいかん》による民間船を含む無差別の魚雷攻撃が行われたことです。

もう一つは「手段の無制限性」で、戦争の規模が大きくなったために、個々の戦局を少しでも早く有利に運ぶことが重要課題となる中、戦果を効率《こうりつ》よく上げるために、毒ガスなどの非人道的な兵器が使用されるようになったことです。

これらは、国民と資源を最大限に投入して敵国を圧倒しようとする「総力戦」の思想が芽生《めば》える中で進められたもので、その結果、第1次世界大戦では戦闘員の犠牲者《ぎせいしゃ》が増大したほか、一般市民の間でも多くの犠牲者が出ました。こうした傾向《けいこう》は第2次世界大戦でさらにエスカレートし、戦闘員の犠牲者が1700万人に対し、一般市民の犠牲者は3400万人にのぼったと推定されています。

現在にいたるまで、この〝二つの無差別性〟はとどまることなく追求されており、その最たるものが敵側に属《ぞく》する人間すべての殲滅《せんめつ》も辞《じ》さない「核兵器」であり、もう一つの象徴が、遠隔《えんかく》攻撃の最終進化形ともいうべき存在として近年、国際社会で懸念《けねん》が高まっている「無人機攻撃」です。

無人機攻撃は、テロ組織や武装勢力《ぶそうせいりょく》など〝自国に対する脅威《きょうい》〟とみなした存在を、遠隔操作による空爆で排除《はいじょ》しようとする行為ですが、本来裁判などで対処すべきところを、問答無用で武力行使することに加え、周辺の住民が攻撃に巻き込まれても〝付随的被害《ふずいてき》〟として容認《ようにん》する姿勢が問題視されており、昨年（2013年）には国連人権理事会の依頼《いらい》を受けた専門家チームによる実態調査も行われました。

核兵器と無人機攻撃は、いずれも人道や人権の精神に反するだけではありません。その根底には、いったん敵とみなせば、どんな人間であろうと生かしておく余地はなく、いかなる手段をとろうと、どんな犠牲が生じても構わないという、「究極の排除」の思想が横たわっています。

こうした善悪二元論的な峻別《しゅんべつ》が、人間の精神をどのように蝕《むしば》んでいくのか。

かつて社会倫理学者のシセラ・ボク博士が、スペイン内戦※1に身を投じた詩人のスティーヴン・スペンダーの報告を通して、次のように論じていたことが思い起こされます。

――スペンダーは党派心の結末をこう記していた。

敵対するファシスト勢力に殺された子どもたちの写真を見た時には「激しい悲しみに襲《おそ》われた」ものの、左派勢力による残虐行為《ざんぎゃくこうい》をファシスト勢力《せいりょく》が非難した時には「奴《やつ》らはあんなうそをついていると怒りを感じた」だけだった、と。

そんな彼にも、「殺されたすべての子どもたちのことを公平に気遣うのでなければ、明

ノルウェーのオスロで行われた第1回「核兵器の人道的影響に関する国際会議」（2013年3月）。同会議はメキシコ（第2回、2014年2月）、オーストリア（第3回、2014年12月）でも行われ、その議論が核兵器禁止条約の採択へとつながった

らかに子どもが殺されることが全《まった》く気にならなくなっていく」と思う時があったが、心がそう働くことに、彼はある種の恐怖を覚えたほどだった。

つまりスペンダーは、「彼の側に立って戦う人たちの生命の危険に対する猛烈《もうれつ》な関心と、ファシストの策略《さくりゃく》に対する彼の恐怖と不信」によって認識が歪《ゆが》められてしまった結果、「ファシスト側の子どもたちへの関心をすっかりなくし、彼らの災難をただのプロパガンダとみなすようになった」と（『戦争と平和』大沢正道訳、法政大学出版局を引用・参照)。

自分の側に「善」を置き、自分が敵視する人々をおしなべて「悪」とみなす思想は、イデオロギー対立が世界を分断《ぶんだん》した東西冷戦が終結した後も、さまざまに形を変えて多くの問題を引き起こしています。

例《たと》えば、「テロの脅威《きょうい》」を理由に特定の宗教を信仰する人々を十把一絡《じっぱひとから》げに危険視する風潮《ふうちょう》を煽《あお》るような動きをはじめ、「社会の不安」の高まりを背景に原因の矛先《ほこさき》を特定の民族や人種に向けるヘイト・クライム※2やヘイト・スピーチ、さらには「安全保障」の名の下《もと》に人々の自由に制限を加えたり、監視《かんし》の強化を人権よりも優先《ゆうせん》させる形で推し進める傾向が強まっていることなどに現れていると言えましょう。

テロの脅威や社会の不安への対処とともに、安全保障への配慮が必要だとしても、その底流に善悪二元論的な思想がある限り、かえって恐怖や不信の渦《うず》を強めて、社会の亀裂《きれつ》をさらに深めてしまう恐れがあると、言わざるを得ません。

そこには、常に「善」の側に立っていると自負《じふ》しながらも、知らず知らずのうちに、自分が「悪」とみなしてきた対象に投影《とうえい》してきたイメージ——非人道的で抑圧的《よくあつてき》な行動を、映し鏡のように自ら実行に移してしまっている状況が生じていないでしょうか。

そうではなく、マンデラ氏が大統領就任にあたり、「わたしたちは、なおも続く貧困や欠乏、苦難、差別から、すべての同胞《どうほう》を解き放つことを誓います。絶対に、二度とふたたび、この美しい国で、人が人を抑圧するようなことがくり返されてはなりません」（『自由への長い道（下）』東江一紀訳、日本放送出版協会）と世界に向けて宣誓《せんせい》したように、テロの脅威や社会の不安への対処、また安全保障への配慮を行う場合でも、〝いかなる人も抑圧してはならない〟との原則に立って、社会の歪《ゆが》みを一つ一つ修復する努力を粘り強く進める中でこそ、問題解決の地平は開けてくるのではないかと思うのです。

アショカ大王の魂の転換劇

仏法で説く「十界互具論《じっかいごぐ》」は、この善悪二元論的な思想を乗り越えるための視座を提示しています。

善なる生命状態にある人にも悪《あ》しき心の働きが備わっており、縁《えん》に紛動《ふんどう》されて押し流されてしまうことを戒《いまし》める一方、どんな悪しき生命状態に覆《おお》われたとしても、それは固定的なものではなく、自らの一念の転換と行動で善性を薫発《くんぱつ》することが万人に可能であることを強調した教えです。

前者の例を象徴するものとして、「乞眼《こつげん》の婆羅門《ばらもん》」の説話があります。

――釈尊の十大弟子の一人である舎利弗《しゃりほつ》が過去世において、菩薩道《ぼさつどう》の修行《しゅぎょう》として布施《ふせ》行《ぎょう》に励んでいた時、婆羅門が訪ねてきて眼《め》が欲《ほ》しいと言った。舎利弗が眼を差し出したところ、感謝の言葉さえないばかりか、その臭《にお》いを嫌《きら》って地面に捨《す》てられ、足で踏みにじられた。愕然《がくぜん》とした舎利弗は、〃こんな人を救うことなどできない〃と、長年続けてきた修行をやめてしまった――という話です。

ここで重要なのは、眼を差し出す行為がつらかったのではなく、その行為を踏みにじられたことが我慢《がまん》ならなかったという点です。眼を差し出すまでは利他《りた》の精神が心の重心にあったものの、その思いが踏みにじられた瞬間《しゅんかん》に消し飛んで、他人の幸福などより自分の悟《さと》りだけを追求しようと心を閉《と》ざしてしまった結果、舎利弗は長い間、エゴの闇《やみ》に囚《とら》われて苦しみ続けることになったのです。

日蓮大聖人はこの説話を通して、どんな人でも縁に紛動されやすいことを指摘しつつ、その負の力に打ち勝つためには、「願《ねが》わくは我が弟子《でし》等《ら》・大願《だいがん》をおこせ」（全1561・新1895）と、人々のために行動することを誓い、何が起ころうとも常にその誓いに立ち返る以外にないと訴えたのです。

一方、後者の例にあたるものとして、古代インドのアショカ大王が改悛《かいしゅん》した史実が挙《あ》げられます。

ガンジーの高弟G・ラマチャンドラン博士に師事したガンジー研究の第一人者で、インド・ガンジー研究評議会議長のN・ラダクリシュナン博士が講演（2012年4月、東京都内）

——紀元前3世紀頃、マガダ王国のアショカ大王はカリンガ国を征服《せいふく》した。

10万人が殺され、15万人が捕虜《ほりょ》となり、家を焼かれて肉親を失った人々の嘆《なげ》きが天地を覆うという地獄図を前にして、暴虐《ぼうぎゃく》の限りを尽くしてきたアショカも、痛切な悔恨《かいこん》にさいなまれずにはいられなかった。

自分を責め、苦しみ抜いた果てに改悛したアショカは、戦争を二度と起こさないと固く誓い、他国への平和使節の派遣や文化交流に努めるとともに、不殺生《ふせっしょう》などの思想を広めるために法《ほう》勅《ちょく》を石柱などに刻んで各地に残していった——

と。

こうしたアショカ大王の〝魂の転換劇〟をめぐって、インドのニーラカンタ・ラダクリシュナン博士と語り合ったことがあります。

マハトマ・ガンジーの研究で名高い博士が、「最初は暴君《ぼうくん》と恐れられたアショカ大王でさえ、平和の指導者へと変わることができた。自己を変革することができた。つまり〝アショカ〟は、一人ひとりの心のなかにいる。誰もが自分を変えることができる——そうガンジーは見たのです」(『人道の世紀へ』第三文明社)と指摘していたことが忘れられません。

「内なる悪」への眼差し

この史実に裏付けられた確信があればこそ、ガンジーは「内なる悪」との対峙《たいじ》という不断の精進《しょうじん》を自身に課すと同時に、「人間性には相反応《あいはんのう》し合うものがあるとの不滅の信念」(『非暴力の精神と対話』森本達雄訳、第三文明社)を燃やし、「自らも前進をするとともに、ときには、敵対する者たちまでも共に携《たずさ》えて行く」(『わが非暴力の闘い』森本達雄訳、第三文明社)アヒンサー(非暴力)の道を、貫き通すことができたのではないでしょうか。

仏法の「十界互具論」が促《うなが》しているのも、互いを〝悪〟として糾弾《きゅうだん》したり、排除し合うのではなく、同じ人間として引き起こす可能性がある〝社会の悪弊《あくへい》〟の根を断つために、「内なる悪」への眼差しを互いに忘れず、自他共に「善性」を薫発《くんぱつ》し合う生き方を選び取ることなのです。

ある集団の中に排他的で暴力的な志向《しこう》を強める人々がいたとしても、集団全体を敵視することは憎悪の連鎖を招くだけであり、あくまで大切なのは、〝いかなる排他的で暴力的な行為にも明確に反対する人々の連帯〟を堅固《けんご》にする努力を、あらゆる差異《さい》を超えて社会全体で押し上げていくことではないでしょうか。

1　1936年から39年までスペインで続いた内戦。人民戦線派（左派勢力）による政府に対し、軍部・右翼勢力が蜂起。政府側はソ連や国際義勇軍の支援を受けたが、ドイツとイタリアのファシズム勢力から援助を受けた軍部・右翼勢力に敗れ、フランコ将軍の独裁体制が成立した。当時、国際義勇軍には、小説家のジョージ・オーウェルや詩人のスペンダーをはじめ、多くの知識人も加わった。

2　人種、民族、宗教など特定の属性への憎悪や偏見に基づく犯罪。1990年代以降、アメリカを中心に広がり、経済不況の影響などで増大する人々の不安や不満を背景に深刻化してきた。ヘイト・スピーチ（明確な差別的な意図に基づく暴言や差別的行為を扇動する言動）とともに、社会問題となっている。

メモ3 〝200年の現在〟という時間軸

災害や世界的な経済危機などの脅威《きょうい》への対応を考察するに当たり、池田先生は「平和の文化」の母と呼ばれたアメリカのエリース・ボールディング博士が〝人間は現在のこの時点だけに生きる存在ではない〟として強調した二つの観点を紹介している。一つは人々が「未来へのビジョンを共有した上で行動する」こと。もう一つは、今日を起点として「過去100年」と「未来への100年」への範囲を自分の人生の足場として捉え、〝200年の現在〟という時間軸に立って生きることである。その意識に立てば、今年生まれた乳児から今年で100歳の誕生日を迎える高齢者まで、多くの人々の生きる時間に関わる可能性が広がっていく。そうした、〝自分がより大きな共同体の一部を成す存在である〟との世界観をもって生きることが重要であるとの指摘である。

こうした視点を踏まえ、2012年の提言で先生は①「どの場所で起こった悲劇《ひげき》も決して看過《かんか》せず、連帯して脅威を乗り越えていく世界」、②「民衆のエンパワーメントを基盤に、地球上の全ての人々の尊厳と平和的に生きる権利の確保を第一とする世界」、③「過去の教訓を忘れず、人類史の負の遺産の克服《こくふく》に全力を注《そそ》ぎ、これから生まれてくる世代にそのまま受け継がせない世界」を、人類が共有すべきビジョンとすることを呼びかけた。

2015年

２０１５年（第40回「ＳＧＩの日」記念提言）

「人道の世紀へ　誓いの連帯」

この提言の全文はこちらから読むことができます

時代背景――２０１４年の主な出来事

●避難《ひなん》を余儀《よぎ》なくされた人々の数が最多に

２０１１年に始まった中東シリアの紛争《ふんそう》などが大きな要因となり、紛争や迫害《はくがい》などを理由に居場所を追われた人々が、２０１４年末時点で５９５０万人にのぼった。２０１４年だけで新たに１３９０万人が避難《ひなん》を余儀《よぎ》なくされる事態となり、ＵＮＨＣＲ（国連難民高等弁務官事務所）が統計《とうけい》を取り始めてからこの時点までで、１年間に増加した人数としては最多となった。

要旨

2015年の提言ではまず、ミレニアム開発目標に続くものとして採択予定の新たな国際目標に言及し、その挑戦を軌道《きどう》に乗せる鍵《かぎ》として、①政治と経済の再人間化、②エンパワーメント（内発的な力の開花）の連鎖《れんさ》、③差異《さい》を超えた友情の拡大の3点を提起しています。仏法の中道の思想と維摩経《ゆいまきょう》の逸話《いつわ》や、ガンジーとマンデラ元大統領の生き方などを踏まえつつ、すべての人々の尊厳が輝く世界を築くための視座を浮き彫《ぼ》りにしています。

続いて、難民や国際移住者が直面する厳しい状況の改善を新しい国際目標に盛り込むことや、難民のエンパワーメントを近隣《きんりん》諸国で共同で行う仕組みの整備《せいび》を呼びかけています。次に、核兵器ゼロに向けた義務の履行《りこう》を図る「ＮＰＴ（核兵器不拡散条約）核軍縮委員会」の新設とともに、「核兵器禁止条約」の交渉《こうしょう》に着手《ちゃくしゅ》し、締結《ていけつ》に向けて日本が積極的な役割を果たすことを訴えています。

最後に、持続可能《じぞくかのう》な地球社会の建設を展望し、モデル地域づくりを日本と中国と韓国で進めることを提案。日中韓三国協力事務局※などの枠組みも活用し、青年交流の拡大などを通してプラスの連鎖を起こしていくことを提唱しています。

視座1

政治と経済の「再人間化」を
――ガンジーの信条と仏法の「中道」思想

本来、政治や経済は人々が幸福に生きる社会を築くためにあるはずのものだが、その元意が抜け落ちて、経済の活力を高める施策が、かえって苦しい状況にある人々を窮地《きゅうち》に追い込んでいる事例があることに言及。自分の判断や行動が人間としての道に反していないかを常に問い直していく仏法の「中道」の思想を踏まえつつ、政治と経済の主眼を〝人々の苦しみを取り除くこと〟へ絶えず向け直していくよう呼びかけています。

昨年（２０１４年）８月、私の創立した戸田記念国際平和研究所が、トルコのイスタンブールで上級研究員会議を開催しました。

会議では、シリアでの内戦、イスラエルとパレスチナの紛争《ふんそう》、イラクやウクライナをめぐる情勢《じょうせい》、東アジアで高まる緊張《きんちょう》などについて、事態の悪化を招いてきた要因を探《さぐ》る一方、世界で芽生《めば》え始めている希望的な要素に着目《ちゃくもく》し、その動きを強めるための課題について意見交換を行いました。

そこで、「国連などの国際機関の強化」や「他者の痛みへの想像力と時代を開く創造性を持った青年の育成」などと併《あわ》せて、重要な課題として浮かび上がったのが、政治の主眼を一人一人の人間の苦しみを取り除くものに向け直す「政治の再人間化」です。

国連憲章《けんしょう》や世界人権宣言などで、基本的人権を守る役割が明確にされたはずの国家が、人々の生命や尊厳《そんげん》を脅《おびや》かす事態を引き起こしてしまうケースが、しばしばみられます。

この問題をめぐっては、私も、会議を主宰《しゅさい》した平和学者のケビン・クレメンツ博士（同研究所総合所長）と語り合いました。

その最たるものが紛争で、第2次世界大戦以降、紛争と完全に無関係だったのは、一握《ひとにぎ》りの国にすぎないといわれます。

また、安全保障を理由に人権を制限したり、国力の増強を優先《ゆうせん》するあまり、弱い立場にある人々への対応が後回しになって、窮状《きゅうじょう》がさらに深まるような場合も少なくありません。

加えて近年、災害や異常気象など、大勢の人々が突然、困窮《こんきゅう》の危機にさらされる事態が相次いでおり、そうした状況に政治が真剣に向き合うことが、強く求められています。

同様の懸念《けねん》は、経済にも当てはまります。

以前、ローマ・カトリック教会のフランシスコ教皇が、「路上生活に追い込まれた老人が凍死《とうし》してもニュースにはならず、株式市場で二ポイントの下落があれば大きく報道されることなど、あってはならない」(『使徒的勧告　福音の喜び』カトリック中央協議会)と訴え、経済のあり方に警鐘《けいしょう》を鳴らしたことが話題となりました。

実際、経済成長率をはじめとするマクロ指標《しひょう》の動向《どうこう》ばかりが注視《ちゅうし》される中で、ともすれば、現実の社会で生きている一人一人の生命と尊厳と生活が隅《すみ》に追いやられ、経済の活力を高める施策《しさく》が人々の生きづらさの改善につながっていない面もみられます。

そもそも、政治を意味する英語のポリティクスが、ギリシャ語の「ポリテイア(市民国家のあり方)」などから派生し、経済という言葉も、「経世済民《けいせいさいみん》」に由来《ゆらい》するように、民衆が幸福に生きる社会を築くことに元意があったはずです。

ところが現代では、その元意がいつしか抜け落ち、政治や経済を突き動かす行動原理が、厳しい境遇《きょうぐう》にある人々をかえって苦しめてしまうような状態が生じてはいないでしょうか。

この問題を考える時、私が想起するのは、原始仏教で、釈尊が人間の生きる道の根本として強調していた「ダルマ」です。

ダルマとは、サンスクリット語で〝たもつもの〟を意味する「ドフリ」からつくられた言葉で、漢訳仏典では「法」、もしくは「道」と訳されてきました。

つまり、一人一人の人間には、自分自身を〝たもつもの〟がなければならず、「人間として守らねばならない道筋」がある。それを、ダルマと呼んだのです（中村元『原始仏典を読む』を引用・参照、岩波書店）。

政治や経済が、時代の変遷《へんせん》につれて様相を変化させるのは、ある意味で当然だったとしても、そこには、曲げてはならない原則や、無視してはならない基準《きじゅん》があるはずです。その根本を貫《つらぬ》くダルマに則《のっと》って生き抜くことを促《うなが》した釈尊は、最晩年の説法で、ダルマを「洲《す》」に譬《たと》えました。

つまり、洪水が発生し、あたり一面が水没しそうな時に、人々の命を守り、安心の拠《よ》り所《どころ》となる「洲」に譬えることで、ダルマの働きが実際の社会でどのように現れるかを、分かりやすく示したのです。

その譬えを敷衍《ふえん》すれば、政治と経済が本来担《にな》うべき役割も、社会が試練《しれん》に直面した時に一人一人の民衆、なかんずく最も弱い立場にある人々のために「安心の拠り所」をつくり、「生きる希望」を取り戻すための足場を築くことにあるといえないでしょうか。

政治の成り立ちを民衆の目線から見つめ返してみれば、その源流には、投票などを通じて「少しでも社会をよくしたい」との祈りにも似た思いがあるはずであり、経済の源流にも、仕事などを通して「少しでも社会の役に立ちたい」との種蒔《たねま》く人の思いが息づいているはずです。

にもかかわらず、それがマクロの規模になると、政治の世界で民主主義の赤字（多くの民意があっても政策に反映されない状況）が発生したり、経済の世界でマネー資本主義の暴走（実体経済の規模をはるかに超える金融市場での過剰《かじょう》な投機《とうき》が、実体経済に破壊的なダメージを及ぼす事態）が起きてしまっている。

ガンジーが贈った言葉

そうした事態に歯止めをかけて、政治や経済の軌道修正《きどうしゅうせい》を図るには、どのような原則に立ち返ることが必要なのか——。

私は、マハトマ・ガンジーが友人に贈った次の言葉を、一つの手掛かりとして挙《あ》げたいと思います。

「これまでに会った中で最も貧《まず》しく、最も無力な人の顔を思い出して下《くだ》さい。そしてあなた自身に次のように問いかけて下さい。自分がしようと思っていることは彼の役に立つだろうか？」（『私にとっての宗教』竹内啓二ほか訳、新評論）

つまりガンジーが、重大な判断を下す時に忘れてはならない点として促したのは、政治の力学でもなければ、経済の理論でもない。自分と同じ世界に生き、苦境に陥《おちい》っている人々の姿にあったのです。私はここに、仏法が説く「中道」の思想と通底《つうてい》するものを感じてなりません。

「中道」とは、単に極端《きょくたん》な考えや行動を排《はい》することではなく、〝道に中《あた》る〟と読むように、自分の判断や行動が「人間としての道」に反していないかどうか、常に問い直しながら、自分の生きる証《あかし》を社会に刻み続ける生き方に本義があるといえます。

その意味では、釈尊が最晩年の説法で〝ダルマ（法）を洲とせよ〟と強調した際、〝一人一人が自分自身を拠り所とせよ〟と同時に促していた点は、「中道」の本義を示唆《しさ》したものとも解《かい》されましょう。

自らを拠り所にするといっても、自分本位の欲望《よくぼう》のままに振《ふ》る舞《ま》うといった意味では決してない。仏教学者の中村元博士は、釈尊の真意を、「だれの前に出しても恥《はず》かしくない立派な、本当の自己というものをたよること」（前掲『原始仏典を読む』）と提起《ていき》しましたが、私も深く同意します。

一人一人が、自分の行動によって影響を受ける人々の存在を思い浮かべ、その重みを絶えず反芻《はんすう》しながら、「本当の自己」を顕現《けんげん》する手掛かりとし、人間性を磨《みが》いていく。その営みが積み重ねられる中で、政治や経済のあるべき姿への問い直しも深まり、再人間化に向けた社会の土壌《どじょう》が耕《たがや》されていく——。「中道」の真価は、この変革のダイナミズムにこそあると、私は強調したいのです。

◇

翻《ひるがえ》って現代、政治と経済の影響によって悲惨な事態が生じる背景には、「法律に触《ふ》れさえしなければ何をしても良い」といった、他者の痛みを顧《かえり》みない自己正当化の風潮が強まっていることが、往々《おうおう》にしてあるのではないでしょうか。

その風潮が続く限り、一時的に繁栄《はんえい》を謳歌《おうか》できているようにみえても、後に残るのは〝わが亡《な》き後に洪水《こうずい》よ来たれ〟という身勝手さが招く悲惨ばかりで、「持続可能性の追求」など望み得べくもありません。

こうした事態を防ぐには、政治と経済の主眼を絶えず〝人々の苦しみを取り除くこと〟へ向け直す——すなわち、「政治と経済の再人間化」の回路を社会にビルトインする（組み込む）挑戦が必要です。

視座2

人生の出来事の意味を練《ね》り直す

――勇気の連鎖《れんさ》広げるSGIの体験談運動

アメリカの心理学者エリクソンの視座や仏法の縁起《えんぎ》の思想を踏まえ、人間は他の誰かと「共に生きよう」とする時、自分が何らかの苦しみを抱《かか》えていても、その人自身の尊厳性を輝かせて地域や社会を照らす「エンパワーメント（内発的な力の開花）」の担《にな》い手として力を発揮《はっき》することができると強調。また、人生そのものをやり直すことはできないが、その歩みを他者に「語り直す」ことで過去の出来事に新たな意味づけができ、今後の人生の糧《かて》へと転じ、聞き手も自身の課題に立ち向かう勇気を得られると論及し、そうした同苦に基《もと》づくエンパワーメントの連鎖《れんさ》を広げてきたSGIの体験談運動を紹介しています。

大乗仏教では、生命と生命が織り成す連関性によって世界の森羅万象《しんらばんしょう》が形づくられるという縁起《えんぎ》の法理が説かれます。その連関性を通じて、自分の生命も相手の生命も尊厳《そんげん》の輝きで照らし合うことができ、病気や老いさえも、人生を荘厳《そうごん》する糧《かて》に昇華《しょうか》できる、と。

しかし、その連関性はおのずとプラスの方向に転じるのではなく、「鏡《かがみ》に向《む》って礼拝《らいはい》を成す時浮《うか》べる影又我《かげまたわれ》を礼拝するなり」（全769・新1071）とある通り、他者の尊厳を自己の尊厳と同様にかけがえのないものと感じ、大切にしたいと願う思いがあってこそ、初めてギアが入る。そして、そこで交《か》わされる涙《なみだ》や笑顔が、そのまま、「生きる勇気」を灯《とも》し合うのです。

「アイデンティティー」の概念《がいねん》を提唱《ていしょう》したことで知られる心理学者のエリク・エリクソンは、縁起のダイナミズムにも通じる視座を、次のように描いていたことがあります。

「『共に生きる』というのは、単なる偶然《ぐうぜん》のつながりという意味ではない」

「一方が動くと、他方も動く歯車のように噛《か》み合いながらすすみいくものである」（『洞察と責任』鑪幹八郎訳、誠信書房）

そこで私は、エリクソンの思想を交《まじ》えながら、縁起が生み出す無限の可能性をさらに浮《う》き彫《ぼ》りにしてみたいと思います。

すなわち、苦しみを抱《かか》えた人自身が、自らの尊厳を輝かせることを通じて、地域や社会を照らす「エンパワーメント」の担《にな》い手として、いかに力を発揮《はっき》できるかというテーマです。

まず、一つめの鍵は、「成熟《せいじゅく》した人間は必要とされることを必要とする」（『幼児期と社会1』仁科弥生訳、みすず書房）との思想です。

この言葉を、私なりに読み解くと、次のような光景が想起《そうき》されます。

人間はどんな状況にあっても、誰かに必要とされていることを実感した時、相手の気持ちに応えたいとの思いがわき上がってくる。その思いの高まりが、生命に具《そな》わる内発的な力を呼び覚まし、尊厳の光を灯すエネルギーになっていく。

この点を考えるにつけ、思い浮かぶのは、（中略）平和学者エリース・ボールディング博士の晩年《ばんねん》の姿です。

国連大学理事や国際平和研究学会事務局長などを務めた平和学者のエリース・ボールディング博士

――博士が亡くなられる数年前、SGIのメンバーが訪問した時、80歳を過ぎていた博士は、「最近は、自分の本を書くような力はもう出せないけれど、仲間や後輩が出す本に序文を寄せるぐらいはできます。だから、どれだけ依頼《いらい》が来ても、一生懸命、書くように努力しています」と近況を語ったそうです。

病気を患《わずら》い、介護施設《かいごしせつ》に入所してからも、「たとえ行動できなくても、自分に何ができるのか」との思いをめぐらしながら、毎日を送りました。

見舞いに訪れた弟子のクレメンツ博士にも、「微笑《ほほえ》みを忘れず、皆《みな》を称《たた》え、医療関係者の思いやりに感謝を述べることなどを通して、周りの人を幸せにすることは可能だと思う」と声をかけたといいます。

そして、亡くなられる直前も、かつて自宅を訪問した人たちを真心で出迎えていた時と同じように、見舞いに訪れた人たちに「美しいもてなしの心」を発揮しておられた、と。

このように、どんな状況に置かれても、その人自身の存在を通して「つながり」が保たれている限り、周囲《しゅうい》の人々が少しでも幸福な時間を過ごすことができ、人間性の輝きを増すようにできる。そして、その時間を通して、自分の心を相手の心に灯し、「生きてきた証し」を周囲に伝え残すことができる――。

この生命の尊い輝きに、私は、いついかなる時でも人間が発揮できるエンパワーメントの偉大《いだい》な力をみる思いがするのです。

同苦に基《もと》づくエンパワーメントの連鎖

二つめの鍵は、人生の意味を紡《つむ》ぎ直す営みが、悲惨《ひさん》の拡大を防ぎ、連鎖《れんさ》を断つ力となると、エリクソンが考えていたことです。

人生はやり直せない。しかし、その歩みを他の人に「語り直す」ことで、過去の出来事に新たな意味づけを行い、「練《ね》り直す」ことができる。その可能性に、エリクソンは人生の希望を見いだそうとしました（鈴木忠・西平直『生涯発達とライフサイクル』東京大学出版会、参照）。

この可能性は、私どもSGIが、信仰活動における大切な基盤《きばん》としてきた体験談運動を通し、メンバーの一人一人が日々実感し、確信として深め合ってきたものにほかなりません。

それは、牧口初代会長の時代以来、「座談会」という少人数の集いを中心に行ってきた伝統です。

人生の喜びや生きがいはもとより、家族の喪失《そうしつ》、病気や経済苦、仕事や家庭の悩《なや》みをはじめ、差別や偏見《へんけん》などに直面してきた体験を赤裸々《せきらら》に語り合うことで、「一人一人が生きてきた人生の重みとかけがえのなさ」を皆で一緒に受け止める場となってきました。

人生の喜びや悲しみに共に涙し、悩みを懸命《けんめい》に乗り越えようとする姿を全力で励ます。その体験の分かち合いを通し、体験の語り手は、どんな出来事も〝今の自分を形づくる上で欠くことのできない一里塚《いちりづか》〟であったことに思いをはせ、今後の人生を切り開く糧へと転じることができる。

聞き手もまた、自分が抱える課題に立ち向かう勇気を、体験からくみ取り、わき立たせることができる。こうした同苦に基《もと》づく「エンパワーメントの連鎖」を、私たちは信仰を通して広げてきたのです。

その上で強調したいのは、エリクソンが自らの哲学の生きたモデルとしてガンジーに着目し、評伝《ひょうでん》まで手がけて描き出したように、苦悩を抱えながらも、それを使命に変えた一人の人生の物語（生きざま）は、国境を超え、世代を超えて、多くの人々に「希望と勇気の波動」を広げていくという点です。

評伝では、ガンジーのもとに集《つど》った若者たちの姿が、「打ち棄《す》てられた者、迫害《はくがい》された者に対する、若い頃からの心痛む関心――それは初め彼らの家庭内にとどまっていたが、次第に広範囲にわたる強烈な関心になっていった――によって一つに結ばれていたように思われる」（『ガンディーの真理2』星野美賀子訳、みすず書房）とつづられています。

それは、ガンジーを突き動かしていた精神と同根だったに違いありません。

青年時代に受けた人種差別をきっかけに、南アフリカで人権闘争《とうそう》を開始し、インドでも非暴力闘争に挺身《ていしん》したガンジーの最大の願いは、人々が一人残らず抑圧《よくあつ》から解放されることにありました。その尽きせぬ情熱が、若者たちにも深い感化を与えたのです。

その生きざまは、ガンジーが逝去《せいきょ》した後も、キング博士や南アフリカのマンデラ元大統領をはじめ、人間の尊厳のために闘う人々にとっての〝導《みちび》きの星〟となってきました。

マンデラ氏と再会した時（1995年7月）、私がガンジーの生誕《せいたん》125年を記念し寄稿《きこう》した学術誌に、氏もガンジーの獄中《ごくちゅう》闘争に関する論文を寄せていたことが話題になりました。

その氏の論文には、「今世紀の初頭、囚人《しゅうじん》ガンジーも、その苦しみに耐《た》えた。時代は離れているが、ガンジーと私との間には、ひとつの絆《きずな》がある。それは共通の獄中体験であり、不当な法律への抗議《こうぎ》であり、平和と和解への私たちの志《こころざし》が、暴力によって脅《おびや》かされたという事実である」と、記されていました。

マンデラ氏が27年半に及ぶ獄中闘争を勝ち越えることができたのも、自分と同じ茨《いばら》の道を歩んでいた先人ガンジーの存在《そんざい》が、大きな心の支えとなっていたからではないでしょうか。

今から半世紀前（１９６４年12月）、私がライフワークとしてきた小説『人間革命』の執《しっ》筆《ぴっ》を開始するにあたり、主題をこうつづりました。

「一人の人間における偉大な人間革命は、やがて一国の宿命の転換をも成し遂げ、さらに全人類の宿命の転換をも可能にする」

この主題とも響《ひび》き合う、国境を超える空間的広がりと、世代を超える時間的広がりにこそ、「エンパワーメントの連鎖」が持つ可能性の真骨頂《しんこっちょう》があるのではないでしょうか。

※　１９９９年に始まった日本と中国と韓国の協力関係の拡大を背景に、より効率的で組織化された体制をつくるため、２００９年の日中韓首脳会談で設立が合意。２０１１年９月に韓国・ソウルに事務局を開設し、活動がスタートした。「３カ国の平等性」を基本とし、予算の３分の１ずつを各国が負担。事務局に関する決定も、３カ国から派遣された、事務局長と２人の事務次長によって行われている。

2016年

2016年（第41回「SGIの日」記念提言）

「万人の尊厳《そんげん》 平和への大道」

この提言の全文は
こちらから読むこと
ができます

時代背景——2015年の主な出来事

●「持続可能な開発のための2030アジェンダ」が採択《さいたく》

国連持続可能《じぞくかのう》な開発サミットが9月にアメリカ・ニューヨークの国連本部で開催され、成果文書として「我々の世界を変革《へんかく》する：持続可能な開発のための2030アジェンダ」が採択《さいたく》された。同アジェンダは、2000年に採択されたミレニアム開発目標に続く新たな国際目標であり、人間、地球および繁栄《はんえい》のための行動計画として、宣言と目標を掲《かか》げている。この文書の中で、目標の部分に当たるのが、17の目標と169のターゲットからなる「SDGs（持続可能な開発目標）」である。

要旨

２０１６年の提言ではまず、「持続可能な開発のための２０３０アジェンダ」の基調《きちょう》をなす、「誰も置き去りにしない」との誓《ちか》いに触《ふ》れ、仏法の尊厳観《そんげんかん》とも相通じるものがあると強調しています。その尊厳観に立脚《りっきゃく》し、ＳＧＩが国連支援の活動で重視してきた基盤《きばん》として教育と対話を挙《あ》げ、人間の限りない力を引き出す教育や、歴史創造の最大の推進力となる対話の意義を浮《う》き彫《ぼ》りにしています。

続いて、世界人道サミットで難民の生命と人権、特に子どもたちを守るための対策《たいさく》とともに、多くの難民を受け入れている国々を支える国際協力の強化を合意に盛《も》り込《こ》むことを提案。次に、パリ協定を軌道《きどう》に乗せるために、日本と中国と韓国が協力して意欲的な挑戦を進める環境誓約《せいやく》の制定を目指すよう提唱《ていしょう》しています。

最後に核問題に論及し、核抑止《よくし》の本質は民衆の犠牲《ぎせい》を前提にした安全保障であり、核兵器の保有が招くのは人類全体の運命が〝核兵器に保有されている〟状態であると強調。青年を中心に民衆の連帯を広げる中で核兵器禁止条約の交渉《こうしょう》開始を実現させ、核時代に終止《しゅうし》符《ふ》を打つことを訴えています。

視座1 「誰も置き去りにしない」との誓《ちか》い

――徹《てっ》して一人を大切にする実践

難民問題が深刻化する中、辛酸《しんさん》をなめ苦しむ人々の姿を目の当たりにして、少なくない人が胸を痛め、やむにやまれぬ思いで救いの手を差し伸べてきたことに言及し、その一つ一つの手が難民の人々にとって大きな励ましになり、かけがえのない命綱になっていると指摘。仏法も目の前の一人に寄り添う「同苦」の精神が基盤《きばん》であり、SGIの運動も〝一人一人の生の重みと限りない可能性〟を取り戻すためのものであると述べています。

国連で昨年（2015年）9月、「持続可能《じぞくかのう》な開発のための2030アジェンダ※1」と呼ばれる、新しい目標が採択《さいたく》されました。

2000年に合意され、昨年（2015年）まで貧困《ひんこん》や飢餓《きが》などの改善を進めてきたミレニアム開発目標に続くもので、そこで積み残された課題に加え、気候変動や災害といった喫緊《きっきん》のテーマを幅広く網羅《もうら》し、2030年に向けて包括的《ほうかつてき》な解決を図ることが目指されています。

何より注目されるのは、目標の筆頭《ひっとう》に掲《かか》げられた「あらゆる場所のあらゆる形態《けいたい》の貧困《ひんこん》を終わらせる」との文言が象徴《しょうちょう》するように、すべての課題を貫《つらぬ》く前提《ぜんてい》として「誰も置き去りにしない」との誓《ちか》いが明記された点です。

極度《きょくど》の貧困層の半減を達成したミレニアム開発目標の取り組みから、さらに踏み込む形で、誰一人として見捨《みす》ててはならないことが宣言されたのです。

具体的には、さまざまな脅威《きょうい》の深刻な影響を受けやすい存在として、子どもや高齢者、障《しょう》がいのある人をはじめ、難民や移民などを挙《あ》げ、最大の留意《りゅうい》を促《うなが》す一方で、そうした人々へのエンパワーメント（内発的な力の開花）が欠かせないことが強調されています。

また、人道危機の影響を受けた地域の人々や、テロの影響を受けた人々が直面する困難を取り除くことと併《あわ》せて、弱い立場にある人たちが特に必要とするものに対する支援の強化が呼びかけられています。

私もこれまで、国連の新目標に「誰も置き去りにしない」との骨格《こっかく》を据《す》えることを訴えるとともに、項目の一つに「すべての難民と国際移住者の尊厳と基本的人権を守ること」を盛り込むよう提唱してきました。

かつてない規模《きぼ》で難民が増加する中、その状況と真正面から向き合わずして、21世紀の人類の未来は開けないと考えたからです。

◇

「難民として生きる人生は、動くたびに沈《しず》む流砂《りゅうさ》にはまったようなものだ」(国連難民高等弁務官事務所のプレスリリース、昨年〈2015年〉3月12日)

国連難民高等弁務官を先月(2015年12月)まで務《つと》めたアントニオ・グテーレス氏は、シリアから逃《のが》れた一人の父親が語ったこの言葉を紹介しつつ、状況の深刻さを訴えましたが、どこまで逃れても安心が得られず、先の見えない日々が続く中で生きる縁《よすが》を失いかけている人は、今も後を絶《た》たないのです。

アフリカやアジアでも、難民や国内避難民が増加の一途《いっと》をたどっています。国連難民高等弁務官事務所をはじめとする、さまざまな救援活動が行われてきましたが、依然《いぜん》として、多くの人々が支援を切実に必要とする状況にあるのです。

胸を痛める心が人間性の光明

大勢の難民がヨーロッパに向かうようになり、さまざまな反応が広がる中、国際通信社IPS（インター・プレス・サービス）の記事で報じられていた、イタリアの港町で暮《く》らす人の言葉が心に残りました。

「彼らも私たちと同じく生身の人間です。私たちは彼らが沖合で溺《おぼ》れているのを見て見ぬふりをしているわけにはいきません」（「進退窮まる移民たち」、昨年〈2015年〉5月11日）

世界人権宣言には、「すべての人は、迫害《はくがい》を免《まぬか》れるため、他国に避難《ひなん》することを求め、かつ、避難する権利を有する」とあります。

しかしそれ以前に、先の言葉に宿《やど》っていたような〝胸を痛める心〟こそが、人権規範《きはん》のあるなしにかかわらず、どんな場所でも灯《とも》すことのできる人間性の光明《こうみょう》だと思うのです。

創価学会平和委員会が協力し、昨年（2015年）10月に東京で行われた「勇気の証言《しょうげん》――ホロコースト展　アンネ・フランクと杉原千畝《ちうね》の選択」でも、その点がテーマとなりました。

展示では、ナチスの迫害のためにオランダで身を隠《かく》す生活に置かれながらも希望を失わなかったアンネ・フランクの生涯《しょうがい》とともに、6000人ものユダヤ難民を救うために、訓《くん》令《れい》に反してビザを発行し続けた日本の外交官・杉原千畝の行動が紹介されました。

当時、ユダヤ人への迫害が広がっていたヨーロッパで、いくつもの国の外交官たちが、本国政府の方針に背《そむ》くことを覚悟《かくご》の上で、自らの「良心」に従《したが》う勇気をもって行動し、難民たちを救っていったことが、歴史に刻《きざ》まれています。

また、こうした難民の命を守る行動は、アンネの家族の隠れ家生活《が》を命懸《が》けで支えたオランダの女性をはじめ、多くの国の民衆が、人知れず行っていたものでもありました。私は、ここに歴史の地下水脈に流れる「人間性の輝き」をみる思いがしてなりません。

同じく現代でも、自分たちが住む町に突然現れた難民の姿をみて、どれだけの辛酸《しんさん》を味わってきたことかと胸を痛め、やむにやまれず手を差し伸べてきた人は少なくないと思います。

創価大学で行われた「勇気の証言──ホロコースト展　アンネ・フランクと杉原千畝の選択」（2023年7月、東京都内）

その一つ一つの手が、難民の人たちにとって、どれだけ大きな励ましとなり、かけがえのない命綱になってきたことか——。

このことを考えるにつけ思い起こすのは、マハトマ・ガンジーが、周囲《しゅうい》から投げかけられてきた〝大勢の人をすべて救うことなどできない〟との声を念頭に置きつつ、自分の孫に語りかけた言葉です。

「その時々に、一人の命に触《ふ》れるかどうかが問題なんだ。何千という人々すべてを見まわすことは、必要じゃない。あるとき、一人の命に触れ、その命を救うことができれば、それこそ私たちが作り出せる大きな変化なんだ」(塩田純『ガンディーを継いで』日本放送出版協会)

ささやかな行動だったとしても、それがあるかないかは、差し伸べられた人にとって決定的な重みをもつ大きな違いなのです。

このガンジーの信条は、私どもＳＧＩが信仰実践《じっせん》の面はもとより、国連支援などの社会的な活動を展開する上でも銘記《めいき》してきた、「徹《てっ》して一人一人を大切にする」との精神と深く響《ひび》き合うものがあります。

仏法の根幹《こんかん》は、すべての人々の生命の尊厳《そんげん》にありますが、それは釈尊の次の教えが象徴するように、気づきや内省《ないせい》を促す中で説かれてきたものでした。

「すべての者は暴力におびえる。すべての（生きもの）にとって生命は愛《いと》しい。己《おの》が身にひきくらべて、殺してはならぬ。殺さしめてはならぬ」（『ブッダの真理のことば　感興のことば』中村元訳、岩波書店）

つまり、自分が傷つけられることを耐《た》えがたく思い、わが身をかけがえのないものと感じる心――その動かしがたい生命の実感を出発点としながら、〝それは誰にとっても同じことではないのか〟との思いをめぐらせていく。

そして、その「己が身にひきくらべて」の回路を開いていく中で、他の人々の痛みや苦しみが、わが事のように胸に迫《せま》ってくる。

こうした「同苦」の生命感覚を基盤《きばん》としながら、いかなる人も暴力や差別の犠牲にすることのない生き方を歩むよう、釈尊は呼びかけたのです。

仏法が説く「利他《りた》」も、自分を無にすることから生まれるものではない。

それは、自分の存在と切っても切り離せない胸の痛みや、これまで歩んできた人生への愛しさを足場としつつ、人間の苦しみや悲しみに国や民族といった属性《ぞくせい》による違いなどなく、〝同じ人間として無縁な苦しみなど本来一つもない〟との生命感覚を磨《みが》く中で、おのずと輝き始める「人間性の異名《いみょう》」なのです。

哲学者のカール・ヤスパースも釈尊の評伝《ひょうでん》をつづる中で、「曚《くら》くなりゆく世において、わたしは滅《めっ》することなき法鼓《ほっく》を打とう」と立ち上がった釈尊の生涯は、「一切の者にむかうとは、ひとりひとりの人にむかうことにほかならない」との決意に貫《つらぬ》かれていたと、強調していました（『佛陀と龍樹』峰島旭雄訳、理想社）。

私どもSGIは、この精神を現代に受け継ぐ形で、目の前の一人の苦しみに寄り添い、共に涙し、喜びもまた共にしながら、手を取り合って生きるつながりを広げてきたのです。

これまでの苦難も人生の糧に変える

仏法を貫く「徹して一人一人を大切にする」との精神には、このような視座に加えて、もう一つの欠くことのできない重要な柱があります。

それは、これまでどのような人生を歩み、どんな境遇《きょうぐう》に置かれている人であっても、誰もが「自分の今いる場所を照らす存在」になることができるとの視座であり、確信です。

目に映《うつ》る「現《あらわ》れ（これまでの姿）」で人間の価値や可能性を判断するのではなく、人間に本来具《そな》わる「尊厳」を見つめるがゆえに、その輝きによって、今ここから踏み出す人生の歩みが希望で照らされることを、互いに信じ合う。

そして、これまで味わった苦難や試練《しれん》も人生の糧《かて》としながら、自分の幸福だけでなく、人々のため、社会のために「勇気の波動」を広げる生き方を、仏法は促しているのです。

◇

私どもSGIが、創価学会の草創期からの伝統としてきた、小単位のグループで開催する座談会にも、そうした「誓い」と「歓喜《かんき》」と「励まし合い」の世界が息づいています。

座談会に参加し、悩みがあるのは自分一人ではないと知り、苦難を乗り越えようと奮闘《ふんとう》する友の姿に勇気をもらう。そして、決意を新たにした自分の姿が、さらに多くの友の心に力強い勇気を灯していく。

この励まし、励まされる心と心の往還《おうかん》を通し、一人の誓いが次の一人の誓いへと伝播《でんぱ》する中で、困難に直面してもくじけることのない「希望の力」を共にわき立たせていく生命触発《しょくはつ》の場が、座談会です。

老若男女《ろうにゃくなんにょ》、社会的な立場や境遇の違いを問わず、同じ地域に暮らす人々が集まり、かけがえのない人生の物語や心の中に積もった思いに耳を傾《かたむ》け合いながら、共に誓いを深める座談会は、今や世界の多くの国々に広がっています。

それはまた、世界を取り巻く脅威《きょうい》や危機が拡大し、複雑化する中で、ともすれば埋没《まいぼつ》し、蔑《ないがし》ろにされがちな〝一人一人の生の重みと限りない可能性〟を取り戻すために、ＳＧＩが社会的使命として実践してきた「民衆の民衆による民衆のためのエンパワーメント」の基盤ともいうべき場にほかなりません。

平和運動や国連を支援する活力も、そこから生まれているのであり、まさに信仰実践と社会的活動は地続きの関係にあります。

私どもは、そうした往還作業を通し、「他人の不幸の上に自分の幸福を築かない」「一番苦しんだ人が、一番幸せになる権利がある」との誓いを共々に踏み固めながら、すべての人々の尊厳が輝く世界の建設を目指してきたのです。

視座2　対立や分断を創造へと転じる力
――対話による触発《しょくはつ》が新たな地平を開く

SGIが国連支援において「教育のアプローチ」とともに「対話の実践《じっせん》」を重視してきたことに言及。誰も置き去りにしない世界を築く上で、厳しい状況に置かれた人々の目線に立つことや、背景の異なる他者と同じ人間としての連帯を促《うなが》していくために対話が果たす役割を強調しています。

「誰も置き去りにしない」世界を築くために、まずもって対話は絶対に欠かせない――それは、私自身の信念でもあります。

人類が直面する課題の解決といっても、その取り組みによって一番に守るべき存在は何か、それを誰がどのようにして守っていけば良いのかについて、常に問い直しながら進むことが大切ではないでしょうか。

つまり、「厳しい状況に置かれている人々の目線」から出発し、解決の道筋《みちすじ》を一緒に考えることが肝要《かんよう》であり、その足場となるのが対話だと思うのです。

近年、災害や異常気象による深刻な被害が相次ぐ中、昨年（２０１５年）３月、仙台で第３回「国連防災世界会議」が行われました。

採択された仙台防災枠組《ぼうさいわくぐみ》[※2]では、２０３０年までに世界の被災者の数を大幅に削減《さくげん》するなどの目標が掲《かか》げられましたが、私が注目したのは、原則の一つとして「ビルド・バック・ベター」の重要性が強調されたことです。

「ビルド・バック・ベター」とは、復興を進めるにあたって、災害に遭《あ》う前から地域が抱《かか》えていた課題にも光を当てて、その解決を視野に入れながら、皆にとって望ましい社会を共に目指す考え方です。

防災対策として、独《ひと》り暮《ぐ》らしの高齢者の家の耐震化《たいしんか》を進めたとしても、それだけでは、その人が日々抱えてきた問題――例《たと》えば、病院通いや買い物にいつも難儀《なんぎ》してきたような状況は取り残されてしまう。こうした被災前から存在する、見過ごすことのできない課題も含めて、復興のプロセスの中で解決を模索《もさく》していく取り組みなのです。

こうした復興の課題を考える時、思い起こすのが、次の仏教説話です。

――ある時、富豪《ふごう》が建てた三重の楼《たかどの》を見て、その高さや広さ、壮麗《そうれい》さに心を奪《うば》われ、同じような建物が欲《ほ》しいと思った男がいた。

自分の家に帰り、早速、大工を呼んで依頼《いらい》すると、大工はまず基礎《きそ》工事に取りかかり、一階、二階の工事に入った。

なぜ大工がそんな工事をしているのか、理解できなかった男は、「私は、下の一階や二階は必要ない。三階の楼が欲しいのだ」と大工に迫《せま》った。

大工はあきれて述べた。

「それは、無理な相談です。どうして一階をつくらずに二階をつくれましょう。二階をつくらずに三階をつくれましょうか」と(「百喩経」)——。

その意味で、復興の焦点《しょうてん》も、街《まち》づくりの槌音《つちおと》を力強く響《ひび》かせることだけにある

第3回「国連防災世界会議」の公式関連行事として、SGIと国際NGO「アクトアライアンス」が共催した行事。信仰を基盤とした団体（FBO）が防災において果たす役割などを議論した（2015年3月、仙台市）

のではない。

一人一人が感じる〝生きづらさ〟を見過ごすことなく、声をかけ合い、支え合いながら生きていけるよう、絆《きずな》を強めることを基盤《きばん》に置く必要があるのではないでしょうか。

つまり、人道危機の対応や復興にあたって、「一人一人の尊厳」をすべての出発点に据《す》えなければ、本当の意味で前に進むことはできないことを、私は強調したいのです。

そこで重要となるのが、危機の影響や被害を最も深刻に受けてきた人たちの声に耳を傾《かたむ》けながら、一緒になって問題解決の糸口を見いだしていく対話ではないでしょうか。

深刻な状況にあるほど、声を失ってしまうのが人道危機の現実であり、対話を通し、その声にならない思いと向き合いながら、「誰も置き去りにしない」ために何が必要となるのかを、一つ一つ浮《う》かび上がらせていかねばなりません。

何より、つらい経験を味わった人でなければ発揮《はっき》できない力があります。

◇

次に、対話が果たすもう一つの大切な役割は、対立が深まる時代にあって、自分と他者、自分と世界との関係を結び直す契機《けいき》となり、時代を変革するための新しい創造性を生み出す源泉《げんせん》となることです。

21世紀の世界を規定《きてい》する潮流《ちょうりゅう》は何といってもグローバル化ですが、多くの人々が生まれた国を離れ、仕事や教育などのために他国に一時的に移動したり、定住する状況はかつてない規模《きぼ》で広がっています。

多くの国にさまざまな文化的背景を持つ人たちが移り住む中、交流の機会も芽生《めば》え始めています。

しかし一方で、レイシズム（人種差別）や排他《はいた》主義が各地で高まりをみせていることが懸念《けねん》されます。

昨年（2015年）の提言で私は、各国で社会問題化しているヘイトスピーチ（差別扇《せん》動《どう》）に警鐘《けいしょう》を鳴らしましたが、「どの集団に対するものであろうと、決して放置してはならない人権侵害《しんがい》である」との認識を国際社会で確立することが、焦眉《しょうび》の課題となっているのです。

排他主義や扇動に押し流されない社会を築くには何が必要となるのか――。

私は、「一対一の対話」を通して自分の意識から抜け落ちているものに気づくことが、重要な土台になっていくと考えます。

仏法には「沙羅《しゃら》の四見《しけん》」といって、同じ場所を見ても、その人の心の状態で映《うつ》り方が違ってくることを説いた譬《たと》えがあります。

例えば、一つの川を見ても、清流の美しさに感動する人や、どんな魚がいるのかと思う人もいれば、洪水《こうずい》を心配する人もいる。

問題なのは、その違いが「映り方」の違いで終わらず、結果的に「風景そのもの」を変える可能性をはらんでいることです。

そのことを物語る具体例として思い起こされるのは、私の大切な友人であったケニアの環境運動家のワンガリ・マータイ博士が、自伝の中で紹介していた話です。

――博士が生まれたケニアの村では、皆が「畏敬《いけい》の念」をもって大切にしていたイチジクの木を中心に、自然が守られていた。

しかし、アメリカへの留学を終えた博士が、ある時、故郷に立ち寄ると、信じられない光景が広がっていた。

イチジクの木が立っていた土地を新たに手に入れた人が、「場所を取りすぎて邪魔《じゃま》だ」と考え、イチジクの木を切り倒し、茶畑にするためのスペースがつくられていたのです。

その結果、風景が一変しただけでなく、「地滑《じすべ》りが頻繁《ひんぱん》に起こるようになり、きれいな飲み水の水源も乏《とぼ》しくなっていた」と(『ＵＮＢＯＷＥＤ　へこたれない』小池百合子訳、小学館から引用・参照）。

自分が限りなく大切にしてきたものが、他の人には邪魔としか映らない――。

こうした認識の違いが引き起こす問題は、人間と人間、ひいては文化的背景や民族的背景が異なる集団同士の関係にも当てはまるのではないでしょうか。

つまり、自分の意識にないことは、「自分の世界」から欠落してしまうという問題です。

ありのままの人間として相手を見る

人間はともすれば、自分と近しい関係にある人々の思いは理解できても、互いの間に地理的な隔《へだ》たりや文化的な隔たりがあると、心の中でも距離《きょり》が生じてしまう傾向《けいこう》があります。

しかもそれは、グローバル化が進むにつれて解消に向かうどころか、情報化社会の負《ふ》の影響も相まって、レッテル貼りや偏見《へんけん》などが、むしろ増幅《ぞうふく》するような危険性さえみられます。

その結果、同じ街《まち》に暮《く》らしていても、自分と異なる人々とは、できるだけ関わり合いをもたないようにしたり、ステレオタイプ的な見方が先立って差別意識を拭《ぬぐ》いきれなかったりするなど、相手の姿を〝ありのままの人間〟として見ることのできる力が、社会で弱まってきている面があるのではないかと思われます。

私は、こうした状況を打開する道は、迂遠《うえん》のようでも、一対一の対話を通し、互いの人生の物語に耳を傾《かたむ》け合うことから始まるのではないかと訴えたい。

◇

思い返せば、冷戦対立が激化した時代に、反対や批判《ひはん》を押し切ってソ連を初訪問した際（1974年9月）、私の胸にあったのは、「ソ連が怖いのではない。ソ連を知らないことが怖いのだ」との信念でした。

対立や緊張《きんちょう》があるから、対話が不可能なのではない。相手を知らないままでいることが対立や緊張を深める。だからこそ自分から壁《かべ》を破り、対話に踏み出すことが肝要であり、すべてはそこから始まる——。

モスクワに到着した夜、「シベリアの美しい冬に、人びとが窓《まど》からもれる部屋の明かりに心の温かさ、人間の温かさを覚えるように、私どももまた、社会体制は違うとはいえ、人びととの心の灯を大切にしてまいることを、お約束します」と、歓迎宴《かんげいえん》であいさつしたのは、その偽《いつわ》らざる思いからだったのです。

時を経《へ》て96年6月、キューバを初訪問した時も、思いは同じでした。

キューバによるアメリカ民間機撃墜《げきつい》事件が起こった4カ月後のことでしたが、平和への意思で一致《いっち》できれば、どんな重い壁も動かすことができるとの決意で、カストロ議長と率直《そっちょく》に意見交換したのです。

そして、国立ハバナ大学での記念講演で述べた「教育こそが、未来への希望の架橋《かきょう》である」との信念のままに、教育交流をはじめ、文化交流の道を広げる努力を続けてきました。

それだけに昨年（2015年）7月、アメリカとキューバが54年ぶりに国交正常化を果たしたことは、本当にうれしく感じてなりません。

現代において切実に求められているのは、国家と国家の友好はもとより、民衆レベルで対話と交流を重ね、民族や宗教といった類型化《るいけいか》では視界から消えてしまいがちな「一人一人の生の重みや豊かさ」を、自分の生命に包《つつ》み込《こ》んでいくことではないでしょうか。

その中で、一人一人が「心の中にある世界地図」を友情や共感をもって描き出していくことが、自分を取り巻く現実の世界の姿をも変えていくことにつながると訴えたいのです。

私の師である戸田城聖第2代会長も、さまざまな問題を〝国や属《ぞく》する集団の違い〟の次元だけで捉《とら》えて行動することの危険性を、常々訴えていました。

国が違っても、個人同士の関係からみれば、互いに文化的な生活を送ろうとする人が少なくないはずなのに、ひとたび国家と国家の関係になると、「表面が文化的であっても、その奥は実力行使がくりかえされている」（『戸田城聖全集』第1巻）状況に陥《おちい》ってしまう、と。

また、思想の違いが原因となり、「地球において、政治に、経済に、相争うものをつくりつつあることは、悲しむべき事実である」（同第3巻）と述べ、集団の論理のぶつかり合いが〝同じ人間〟という視座を見失わせる弊害《へいがい》に、警鐘を鳴らしていました。

そして戸田会長は、どの国の民衆も切望してやまない平和を結束点《けっそくてん》に、「世界にも、国家にも、個人にも、『悲惨』という文字が使われないようにありたい」（同）との思いを共有する、「地球民族主義」という人間性の連帯の構築を呼びかけたのです。

◇

人間の心を深部において揺《ゆ》り動かすものは、定式化された教条や主張などではなく、その人自身でなければ発することができない〝人生に裏打ちされた言葉の重み〟です。

そうした言葉の交わし合いによってこそ、互いの生命の奥底《おうてい》にある「人間性の鉱脈《こうみゃく》」が掘り当てられ、社会の混迷《こんめい》の闇《やみ》を打ち払う人間精神の光が輝きをさらに増していく。私もその確信で、さまざまな民族的、宗教的背景を持った人々と対話を重ねてきました。

思うに、歩んできた道が異なる人間同士が向き合うからこそ、一人では見ることのできなかった新しい地平が開け、人格と人格との共鳴の中でしか奏でることのできない創造性も育《はぐく》まれるのではないか。

そこに、歴史創造の「可能性の宝庫《ほうこ》」となり、「最大の推進力」となりゆく、対話の意義があると思えてなりません。

1　2015年9月の「国連持続可能な開発サミット」で採択された成果文書。宣言のほかに17分野169項目からなる「持続可能な開発目標」が掲げられている。2030年までに、貧困や飢餓、エネルギーや気候変動など、多岐にわたる課題の包括的な解決を目指している。

2　2030年までの国際的な防災指針をまとめたもので、災害が起こる前からあった問題も含めて解決を目指す「ビルド・バック・ベター」の原則をはじめ、災害リスクの理解や強靱化に向けた防災への投資などを優先行動に掲げている。2005年から推進されてきた「兵庫行動枠組」の成果を踏まえ、2015年3月に採択された。

メモ4 理念や指標を掲げる意義

ミレニアム開発目標に続く国連の新目標に関する議論が進んでいた2013年、池田先生は提言で、国連が1945年の創設以来、「世界人権宣言」をはじめ、国連総会や世界会議での決議を通して、環境と開発に対する「持続可能な開発」、紛争や構造的暴力に対する「平和の文化」など、人類が共同して追求すべきさまざまな指標や理念を明示して掲《かか》げることで、各国の協力推進を呼びかけてきたことに言及。そうした理念を掲げる意義の一つは、〝現代の世界で何が蔑《ないがし》ろにされているか〟を浮き彫りにすると同時に、〝何が急務なのか〟を明らかにする点にあると指摘した。

さらに、ミレニアム開発目標の歩みが示したものは、取り組みは充分でなかったかもしれないが、「問題意識を共有」し「課題と期限を明確」にして「一致した努力を傾注《けいちゅう》」することで世界は着実に変わっていくとの教訓であると述べている。

2017年

2017年（第42回「SGIの日」記念提言）

「希望の暁鐘《ぎょうしょう》 青年の大連帯」

時代背景――2016年の主な出来事

●オリンピックで初の難民選手団が結成

紛争《ふんそう》や迫害《はくがい》などの理由で故郷を追われた難民のアスリートからなる難民選手団が初めて結成され、ブラジルでのリオデジャネイロオリンピック・パラリンピックに出場した。

●アメリカ大統領が広島を訪問

アメリカのオバマ大統領が5月、現職大統領として初めて被爆地・広島を訪問。広島市の広島平和記念資料館を見学した後、原爆死没者慰霊碑《いれいひ》に献花《けんか》した。

この提言の全文はこちらから読むことができます

要旨

　２０１７年の提言ではまず、国連の持続可能《じぞくかのう》な開発目標（ＳＤＧｓ）の推進には、温暖《おんだん》化《か》防止対策にみられるようなグローバルな行動の連帯が欠かせないとし、その精神的基盤《きばん》を形づくるものの一つとして大乗仏教の「菩薩《ぼさつ》」の精神に言及。青年の力を引き出す世界市民教育の重要性を論じるとともに、民族や宗教の差異《さい》を超えた友情の水嵩《みずかさ》を増しながら、多様性の尊重《そんちょう》に基《もと》づく「平和の文化」を築くことを主張しています。

　続いて核兵器の問題について、世界の核兵器の９割以上を保有するアメリカとロシアの首脳会談を早期に開催し、緊張緩和《きんちょうかんわ》と核軍縮の流れをつくり出すことを提唱。唯一《ゆいいつ》の戦争被爆国である日本が核兵器禁止条約を締結《ていけつ》する道を開くよう訴えています。また、難民の人々が受け入れ地域でＳＤＧｓに関わる仕事などに携《たずさ》わり、地域の発展に貢献《こうけん》できる道を開く「人道と尊厳のためのパートナーシップ」の枠組みを設《もう》けることを提案しています。

　最後に、「人権教育と研修に関する条約」の制定とともに、男女差別の解消《かいしょう》を図るジェンダー平等の促進を呼びかけています。

視座1

青年の数だけ希望があり、未来がある

――地球的問題群解決の原動力

若い世代の力に着目した動きが国連で相次いでいることを踏まえ、いかに深刻な課題が世界に山積していようとも、青年の数だけ希望があり、未来があるのであり、決して人類の行く末を悲観《ひかん》する必要はないと呼びかけています。

私の師である創価学会の戸田城聖第２代会長が、「原水爆禁止宣言」を発表してから、今年（２０１７年）で60周年になります。

牧口常三郎初代会長と共に、平和と人道のために戦い抜いた戸田会長の思想の柱は、仏法が説く生命尊厳《そんげん》の哲学に根差した「地球民族主義」にありました。

どの国で生まれ、どの民族に属《ぞく》そうと、誰一人、差別したり、踏み台にしたり、犠牲《ぎせい》にすることがあってはならない――。

それは今思えば、「誰も置き去りにしない」という、国連が現在、国際社会を挙《あ》げて成《な》し遂《と》げようと呼びかけているビジョンとも響《ひび》き合う思想にほかなりませんでした。

その強い思いがあればこそ、戸田会長は、世界の民衆の生存権を根源《こんげん》から脅《おびや》かす核兵器を〝絶対悪〟であるとし、核兵器禁止の潮流《ちょうりゅう》を民衆の連帯で築き上げることを、訴えずにはいられなかったのです。

1957年9月8日、台風一過《いっか》の秋空の下《もと》、横浜・三ツ沢の競技場で5万人の青年らを前に叫《さけ》ばれた、「いやしくも私の弟子であるならば、私のきょうの声明を継《つ》いで、全世界にこの意味を浸透《しんとう》させてもらいたい」（『戸田城聖全集』第4巻）との言葉は、今も耳朶《じだ》を離《はな》れることはありません。

以来、私どもは、志《こころざし》を同じくする人々や団体と連携しながら、核兵器の禁止と廃絶《はいぜつ》を求める運動を重ねてきました。

時を経《へ》て、核兵器の非人道性に対する認識が国際社会で幅広く共有される中、先月（2016年12月）の国連総会で、核兵器禁止条約の交渉《こうしょう》開始を求める歴史的な決議が採択《さいたく》されました。

3月からニューヨークの国連本部で始まる交渉会議を通し、核時代に終止符《しゅうしふ》を打つ道が開かれることを強く願ってやみません。

世界では今、こうした核兵器の問題をはじめ、相次ぐ紛争《ふんそう》や急増する難民など、多くの課題が山積しています。

しかし私は、人類の行く末を悲観《ひかん》する必要はないと考えます。

なぜなら、青年の数だけ希望があり、未来があると固く信じるからです。

確かに、昨年（2016年）からスタートした国連の「持続可能《じぞくかのう》な開発目標（SDGs）」において、最も配慮《はいりょ》すべき存在の筆頭《ひっとう》に、子どもと若者が挙げられているように、その多くが貧困や格差などの厳しい状況に直面している現実があります。

しかし一方で、平和構築における青年の役割を強調した安全保障理事会の「2250決議※」をはじめ、若い世代の力に着目《ちゃくもく》した動きが国連で相次いでいます。

SDGsを定めた国連の「持続可能な開発のための2030アジェンダ」では、若者を〝変革のための重要な主体〟と位置づけ、その力の発揮《はっき》に期待を寄せていますが、まさに私の確信もそこにあるのです。

青年の存在と活躍こそ、地球的問題群を解決する原動力であり、2030年に向けた国連の挑戦の生命線である——と。

視座 2

〝同じ時代を生きる人々の力に〟

――難民選手団の決意

国連のＳＤＧｓの達成は容易《ようい》ではないが、一人一人が今いる場所でエンパワーメント（内発的な力の開花）の波を起こしていく中で道は開けていくと強調。その何よりの担《にな》い手となりうるのが青年であり、青年が今いる場所で「一隅《いちぐう》を照らす存在」になろうと立ち上がる時、〝誰も置き去りにしない社会〟実現の光明となっていくと期待を寄せています。

私は以前、ＳＤＧｓに先立つ形で、２０１５年まで推進された国連のミレニアム開発目標について、「目標の達成はもとより、悲劇《ひげき》に苦しむ一人一人が笑顔《えがお》を取り戻すことを最《さい》優先《ゆうせん》の課題とすることを忘れてはなりません」と呼びかけたことがあります。

数値的な改善ばかりに目を奪《うば》われると、苦境に置かれた人々への配慮《はいりょ》が後回しにされ、また、目標達成への息吹を長続きさせることも難しくなってしまうと考えたからです。

この点、アルゼンチンの人権活動家であるアドルフォ・ペレス＝エスキベル博士が語っていた言葉が思い起こされます。

「人間は、人間としての共通の目的を目指して進むとき、自由や平和を志向《しこう》しているとき、尋常《じんじょう》ではない能力を発揮《はっき》する」(『人権の世紀へのメッセージ』東洋哲学研究所)

こうした信念は、厳《きび》しい社会情勢が続いても、未来への希望を決して手放さなかった中南米諸国の民衆と連帯を深める中で、博士が培《つちか》ってきたものでした。

博士は、民衆の行動をたたえながら、こう述べています。

「民衆の生活をさらに踏み込んで見てみると、老若男女《ろうにゃくなんにょ》を問わず、民衆は、英雄になろうなどとは思っていません。ただ、奇跡《きせき》が起きて『一輪の花』が咲くことを日々求めているだけなのです。その開花は、日常生活という戦いのなかにあります。つまり、人生に対して子どもが見せる笑顔のなかに咲き、希望を創り出し、希望の光で道を照らすなかに咲きます。『すべての努力は、自分たちの解放のためなのだ』と気づく瞬間《しゅんかん》のなかに咲いていくのです」(同)

非常に味わい深い言葉だと思います。

SDGsの目標達成は、いずれも容易ならざる挑戦です。

しかし、苦しんでいる人々に寄り添い、エンパワーメントの波を起こす中で、自分たちの身の回りから「一輪の花」を咲かせることはできるはずです。

そして、その何よりの担《にな》い手となりうるのが青年ではないでしょうか。冒頭で触《ふ》れた国連安保理の「2250決議」が、平和構築に青年が参画する重要性を呼びかけたのと同様に、あらゆる分野で青年が活躍の機会を得ることができれば、そこから突破口が開けるはずです。

〝共に生きる〟との思い

昨年(2016年)8月、ブラジルのリオデジャネイロで行われたオリンピックに、難民選手団が初出場し、感動の輪を広げました。

出場にあたり、選手が口々に語っていた決意は、胸に深く残りました。

「オリンピックの舞台《ぶたい》で走ることで、自分と同じ境遇《きょうぐう》にある難民に、人生は変えられるというメッセージを送りたい」

「これまでの人生を思い返し、それを自分の強さに変えたい。難民がより良い人生を送れるように願って、私は走りたい」(UNHCR駐日事務所のウェブサイト)

これらの言葉が象徴《しょうちょう》するように、青年の青年たる真骨頂《しんこっちょう》は、過去の姿でも、未来の姿にあるのでもない。

自分自身の〝今の姿〟をもって、同じ時代を生きる人たちの力になりたいという心にこそ、輝くのではないでしょうか。

ＳＤＧｓが掲げる「誰も置き去りにしない」とのビジョンは、青年にとって、遠く離れた場所にある指標でも、いつか成し遂げるべき未来のゴールでもないと思います。

それは、「同じ人間として同じ地球で共に生きる」ことと同義であり、日々の行動を通して「生きる喜びを分かち合う社会」を築く生き方に等しいものなのです。

青年が、今いる場所で一隅を照らす存在になろうと立ち上がった時、そこから、周囲の人々が希望と生きる力を取り戻す足場となる、安心の空間が形づくられていきます。

その安心の空間に灯された「共に生きる」という思いが、そのまま、国連が目指す「誰も置き去りにしない」地球社会の縮図《しゅくず》としての輝きを放ち、同じような問題に苦しむ他の地域の人々を勇気づける光明となっていくに違いないと、確信するのです。

視座3 一対一の友情から平和の文化のうねりを
――「不戦の世代」を築くために

世界は、誰一人として同じではない人間の営《いとな》みが織り成す中で息づいており、民族や宗教といった枠組みから他の人々を一律に判断するのは、一人一人の人間の実像をゆがめてしまうと指摘。互いの存在のかけがえのなさを心の底から感じさせる一対一の友情こそ、憎悪《ぞうお》の扇動《せんどう》に押し流されることを食い止め、対立から共存への流れをつくりだす重要な力になると述べています。

分断をもたらす排他《はいた》主義や、犠牲《ぎせい》を顧《かえり》みない経済的合理性の追求に抗する、社会の楔《くさび》となるものは何か――。

私は、一人一人の顔といった具体的な像をもって心に立ち現れる「友情」のような、確固たる結びつきではないかと考えます。

「私の経験では、伝統的な偏見《へんけん》を徐々になくしてゆくのは、個人的な付き合いであった。

どんな宗教、国籍、あるいは人種の人とでも、その人と個人的に付き合えば、かならずその人が自分と同じ人間であることがわかるものである」(『交遊録』長谷川松治訳、社会思想社)

かつて対談した歴史家のアーノルド・J・トインビー博士の言葉です。

友情のかけがえのなさは、私自身、世界の人々と交流を重ねる中で身をもって実感してきたものでした。80点近くに及ぶ対談集の一つ一つも、歩んできた人生や信仰は違っても「平和を願う心情」に変わりはないことの証《あか》しであり、「次の世代に歴史の教訓を伝え残したい」との互いの思いが相まった〝友情の結晶〟にほかなりません。

◇

インドネシアのアブドゥルラフマン・ワヒド元大統領も、社会で声高に叫ばれる対立の構図に流されないよう、警鐘《けいしょう》を鳴らしていたことを思い起こします。

イスラム団体の指導者を長らく務《つと》めたワヒド元大統領は、「文明と文明との間にみられる差異《さい》は、本来、〝衝突《しょうとつ》するか否《いな》か〟の問題ではない」(『平和の哲学　寛容の智慧』潮出版社)とし、他者への無理解や偏見《へんけん》を克服《こくふく》することが一番の課題になると強調していたのです。

その上で、何度も友情の大切さを訴えつつ、自らの留学経験に触《ふ》れ、「青年には、自身の利益だけを考える人ではなく、社会の利益を考える人、世界の平和共存のために行動する人になってもらいたい」(同)と、青年交流への強い期待を寄せていました。

インドネシアの元大統領でイスラム団体の指導者であったワヒド博士夫妻が民音文化センターを視察（2002年4月、東京都内）

私も、宗教や文化的背景の異なる世界の人たちと友情の絆《きずな》を一つ一つ結ぶ中で、平和のための連帯を築いてきただけに、ワヒド元大統領の言葉が深く胸に染みます。

戸田第2代会長の「地球民族主義」や「原水爆禁止宣言」を基盤《きばん》に、私が1996年に戸田記念国際平和研究所を創立した際、初代所長にイラン出身の平和学者のマジッド・テヘラニアン博士に就任《しゅうにん》していただいたのも、そうした友情が機縁《きえん》となったものでした。

世界は、単なる国の集まりでもなければ、宗教や文明だけで構成《こうせい》されているものでもありません。

固有《こゆう》の背景を持ちながらも〝誰一人として同じではない人間〟の営みが織り成す中で、世界は息づいています。

民族や宗教といった枠組みに基《もと》づいて、他の人々を一律に判断するのは、本来は限りなく豊かな一人一人の人間の実像をゆがめる結果を招いてしまう。

そうではなく、一対一の友情を通し、互いの存在のかけがえのなさを心の底から感じた時に、民族や宗教といった差異も、友の姿によって照らし出された多様性の輝きに包《つつ》まれていくのではないでしょうか。

その友情という磁場《じば》があればこそ、自分の生き方に迷った時には〝羅針盤《らしんばん》〟となって、進むべき道を見いだすことができる。

また、社会が誤《あやま》った方向に傾《かたむ》きかけた時には、その傾斜《けいしゃ》を立て直す方途を浮《う》かび上がらせる〝映し鏡〟ともなっていきます。

私どもＳＧＩが、一貫して民間交流の裾野《すその》を広げる努力を続け、特に青年交流に力を入れる中で、顔と顔とが向き合う一対一の友情を大切に育《はぐく》んできた理由もそこにあります。国と国が緊張関係に陥《おちい》った時や、宗教対立が深まった時でも、友情の絆を足場に、憎悪《ぞうお》の扇動《せんどう》に押し流されない。一人一人の顔を思い浮かべながら、友が悲しむような社会にしては断じてならないと、対立から共存への流れを自分の足元からつくり出す――。

暴力の連鎖《れんさ》を断ち切り、友好を深め合う「不戦の世代」をグローバルに築き上げることに、その眼目《がんもく》はあるのです。

何より、友との語らいには喜びが宿《やど》っています。言葉を交わすこと自体が楽しく、互いの存在が励みになるのが友情です。

であればこそ友情は、困難な課題に立ち向かう勇気の支えとなるのです。

若い世代の間で、友情の水嵩《みずかさ》が増していけばいくほど、社会は必ず大きく変わっていきます。

いかなる分断の濁流《だくりゅう》も押し返す、多様性の尊重に基づいた「平和の文化」のうねりは、青年たちの友情から力強く巻き起こっていくと、私は期待してやまないのです。

視座4

困難を乗り越える力は誰しもの中に

――一人の女性が起こした変化

人間は悩みや苦しみ（煩悩《ぼんのう》）を抱《かか》える自身の生命に、人生を切り開く智慧《ちえ》や力（菩提《ぼだい》）が秘《ひ》められており、自分を取り巻く状況と真正面から向き合い、行動を起こす中で、そのまま幸福を切り開いていける存在になれる――。こうした仏法が説く「煩悩即《そく》菩提」の法理に言及しつつ、人類が直面する諸課題を解決する力は、特別な人だけに具《そな》わっているのではないと指摘。現実と向き合い行動を起こす中で誰しもがプラスの変化の連鎖《れんさ》を巻き起こすことができるのであり、とりわけ青年には大きな可能性があると述べています。

気候変動や格差の拡大など、ミレニアム開発目標では対象となっていなかった課題がSDGsに多く追加されています。

しかし、いずれも元《もと》をたどれば、人間がつくり出したものである以上、人間の手で解決できないはずはない。行動を起こし、一つでも問題解決の足がかりを築ければ、そこから一点突破《とっぱ》で、他の問題も解決に導《みちび》く歯車を回すことができるのではないでしょうか。

大乗仏教には、この問題解決のダイナミズムを示唆《しさ》するような「煩悩即菩提《ぼんのうそくぼだい》」の法理が説かれています。

人間の幸福は、悩みや苦しみをもたらす煩悩をなくすことや、そこから離れることで得られるのではなく、悩みや苦しみを抱える自分自身の生命にこそ、菩提（人生を切り開く智慧《ちえ》や力）が秘《ひ》められているとする、〝視座の逆転〟を提示《ていじ》した法理です。

問題は、煩悩の苦しみだけにあるのではない。煩悩にどう向き合い、そこからどのような行動に踏み出すかにあります。

日蓮大聖人も、法華経の「一切《いっさい》の苦《く》・一切の病痛《びょうつう》を離れ、能《よ》く一切の生死《しょうじ》の縛《ばく》を解《と》かしめたまう」（597ﾍﾟｰｼﾞ）の文について、「離《り》の字をば明《あきらむ》とよむなり」（全773・新1076）と説きました。

自分を取り巻く問題と真正面から向き合い、状況を明らかにして行動を起こす中で、煩悩の苦しみを感じていた自分が、そのまま、幸福を自ら切り開く存在になっていけることを説いた変革の原理なのです。

また仏教では、その変革の波動は、相互連関を織《お》り成《な》す関係性の網《あみ》を通して、周囲《しゅうい》や社会にも大きく広げていくことができると促《うなが》しています。

状況に縛《しば》られるのではなく、自分の手で関係性を紡《つむ》ぎ出し、状況を変えていくという視点は、興味深いことに、哲学者のハンナ・アーレントが、「フマニタス（真に人間的なもの）」について論じた際に提起していたものでもありました（以下、ジェローム・コーン編『アーレント政治思想集成1』齋藤純一・山田正行・矢野久美子訳、みすず書房）。

彼女は、師であるヤスパースの「公共的領域《りょういき》への冒険《ぼうけん》」の言葉を通し、こう述べています。

真に人間的なものは孤立《こりつ》したままでは得ることはできず、「自分の生ならびに人格を『公共的領域への冒険』に委《ゆだ》ねることによってのみ達成されうる」と。

そしてその冒険は、「関係性の網の目のなかに、私たちが自分自身の糸を紡いでいくということ」であると位置づけました。

私が何よりも共感したのは、「それがどのような結果を生むかは、私たちにはけっしてわかりません」と断りながらも、アーレントが深い確信をもって語った次の結論です。

「この冒険は人間を信頼することにおいてのみ可能であると申し上げておきたいと思います。つまり、なかなかそれとしてイメージを結ぶことは難しいけれども、根本的な意味であらゆる人間が人間的なものに対して信頼を抱《いだ》くことです。そうでなければ冒険は不可能です」

その信頼とは、「根本的な意味で」とあるように、自分自身への信頼や、周囲の人々に対する信頼にとどまらず、〝自分たちの生きる世界にどこまでも希望を失わず向き合う〟という意味での信頼をも含《ふく》んでいるのではないでしょうか。

自分が感じた〝痛み〟が変革の力に

国連機関のUNウィメンは昨年（２０１６年）、「私のいる場所から」と題し、厳しい環境に置かれながらも人々のために行動し、ＳＤＧｓ推進の一端《いったん》を担《にな》う女性たちを紹介しました。

その中に、タンザニアでソーラー発電の技術者として活躍する女性がいます。障《しょう》がいのある彼女は、苦労《くろう》を重ねながら技術を身につけ、その知識を自分の村のために生かす努力を続けてきました。

当初、多くの男性は、彼女の仕事を認めようとしませんでした。

しかし、彼らの家にソーラー器具を設置して光を灯《とも》し、壊《こわ》れた時には修理を行う中で、次第に彼女の仕事に敬意を払う男性たちも出始めるようになったといいます。

彼女は語っています。

「日が沈《しず》むと暗闇《くらやみ》に包まれていたかつての村に、今は光が灯ります。たった今ですが、二人の子供が、私の直したソーラーランタンを引き取りに来ました。大きな笑顔《えがお》を浮《う》かべていました。きっと今夜宿題をすることができるのでしょう」（ＵＮ Ｗｏｍｅｎ日本事務所のウェブサイト）

ここでは、再生可能エネルギーの導入《どうにゅう》が進むだけでなく、女性に対する見方が少しずつ改められ、子どもたちが勉強する環境も整《ととの》えられている――まさに〝民衆のアジェンダ〟の字義通り、一人の女性が立ち上がったことで、ＳＤＧｓを前進させるプラスの連鎖《れんさ》が、タンザニアの村で実際に起きているのです。

私は、地道ながらも尊い彼女の取り組みに、アーレントの言う「自分自身の糸を紡いでいく」ことで、自分の今いる場所を照らし出す「フマニタス（真に人間的なもの）」の輝きをみる思いがしてなりません。

問題解決の力は、特別な人だけに具《そな》わっているわけではありません。

現実と向き合い、その重みの一端を引き受け、行動の波を起こす――。困難を乗り越える力は、自分が感じた心の痛みを決意に変えることで、誰にでも発揮できる道が開けていくのです。

とりわけ青年には、みずみずしい感性と理想への情熱を燃やして、人々をつなぐ信頼との結節点《けっせつてん》となり、プラスの連鎖を巻き起こす大きなエネルギーがあります。

戸田第2代会長の「原水爆禁止宣言」以来、私ども創価学会とSGIの平和運動の中核を、一貫して担ってきたのも青年です。

現代社会に広がる〝自分が行動したところで何も変わらないのではないか〟との無力感を打ち払い、「今ここにいる自分だからこそ、果たせる使命がある」との思いに立って、意欲的な行動を広げています。

日本の青年部は、3年前(2014年)からSOKAグローバルアクションの運動を行い、東日本大震災で深刻な被害を受けた東北の〝心の復興〟を後押ししてきたほか、中国や韓国との交流を通じた「アジアの友好」の推進と、「平和の文化」を建設し、核兵器の廃絶を目指す活動を進めてきました。

各国の青年部も、環境保護《ほご》の活動や人権教育をはじめ、非暴力の意識を高める取り組みなど、現実変革への挑戦を続けています。

SDGsに焦点《しょうてん》を当てた活動にも力を注いでおり、昨年（2016年）11月には、「青年こそがSDGsの普及《ふきゅう》と推進をレベルアップさせる」と題する会議を国連本部で共催しました。

「持続可能な開発のための2030アジェンダ」担当のデビッド・ナバロ国連事務総長特別顧問は、会議でこう訴えました。

「世界中の青年が持続可能な開発の運動で活躍できる場を作らなければならない。青年は共に行動し、歓喜《かんき》を共有し、信頼し合うことを求めている」

私どもが、SDGsの挑戦にかける思いもまったく同じであります。

青年は、目の前の脅威への不安を感じなければ動けないような消極的な存在ではありません。一つ一つの課題に立ち向かう挑戦の中に分かち合う喜びがあり、希望があると信じ

被災者の心の復興を目指して創価学会の音楽隊が実施してきた「希望の絆」コンサート。2014年3月から地震や豪雨等の被災地を中心に行われてきた（2014年11月、宮城・気仙沼市内）

るからこそ前に進んでいくのです。

ＳＤＧｓには、目標達成を義務づける拘束力《こうそくりょく》はないものの、２０３０アジェンダの題名に記されているように、そこには「私たちの世界を変革する」との希望が息づいています。その希望を自らの誓《ちか》いとして立ち上がる青年の行動が広がっていけば、全ての目標に前進のギアを入れる力を生み出すことができるのではないでしょうか。

私どもＳＧＩは、今後も青年を中心に、地域の課題からグローバルな脅威にいたるまで、問題解決のためのプラスの連鎖を巻き起こす挑戦に取り組んでいく決意です。

※ 平和構築の取り組みをはじめ、暴力的な過激主義に対抗するための活動において、青年が果たす役割に焦点を当てた決議。２０１５年12月に国連安全保障理事会で採択された。永続的な平和を促進するための重要なパートナーとして青年を位置付け、紛争予防と解決のための意思決定に青年の代表を増やす方法を考慮することなどを、国連加盟国に求めている。その後、２０１８年、２０２０年にも関連の決議が採択された。

2018年

2018年（第43回「SGIの日」記念提言）

「人権の世紀へ　民衆の大河」

この提言の全文はこちらから読むことができます

時代背景――2017年の主な出来事

●核兵器禁止条約が採択

開発から保有、製造、使用の威嚇《いかく》まで、核兵器を全面的かつ完全に禁止した「核兵器禁止条約」が7月、122カ国の賛成により国連で採択《さいたく》された。条約の前文は被爆者や核実験被害者の苦しみに言及するとともに、宗教指導者など市民社会が果たしてきた貢献《こうけん》についても言及している。また12月には、条約の実現に尽力してきた「ICAN（核兵器廃絶《はいぜつ》国際キャンペーン）」にノーベル平和賞が授与《じゅよ》され、授賞式にはICANが発足間もない頃から歩みを共にしてきた国際パートナーであるSGIからも代表が出席した。

要旨

2018年の提言ではまず、「世界人権宣言」の採択70周年を迎えることを踏まえ、人権の礎《いしずえ》は〝同じ苦しみを味わわせない〟との誓《ちか》いにあると強調し、排他《はいた》主義を食い止めるための鍵として、青年に焦点《しょうてん》を当てた人権教育を進めることを提唱《ていしょう》しています。また、アメリカ公民権運動の歴史に言及し、差異《さい》を超えた連帯で時代変革の挑戦を前に進め、その喜びを分かち合う生き方に、人権文化の紐帯《ちゅうたい》はあると論じています。

続いて、日本が先頭に立って核兵器禁止条約への参加に向けた意思表明を行うよう呼びかけるとともに、条約の早期発効《はっこう》（50カ国の批准後90日で発効）と普遍化《ふへんか》の促進を目指し、SGIとして「核兵器廃絶への民衆行動の10年」の第2期開始を表明しています。また、難民と移民に関するグローバル・コンパクトで「子どもたちの教育機会の確保《かくほ》」を各国共通の誓約《せいやく》にすることを提案。さらに、「高齢者人権条約」の交渉《こうしょう》開始と、第3回「高齢化世界会議」を日本で開催することを提唱しています。最後に、日本と中国が連携して「気候保全のための日中環境自治体ネットワーク」を形成することや、国連で「女性のエンパワーメントの国際10年」を制定することを訴えています。

視座1 「人の善良《ぜんりょう》さは消えることはない」
――マンデラ氏が灯《とも》し続けた人間性に対する信頼

人権は法律や条約があるから与えられるものではなく、人間は本来、誰しもかけがえのない存在だからこそ、自由と尊厳《そんげん》が守られなければならないと力説。人権の礎《いしずえ》は、差別や人権侵害に見舞われながらも、〝同じ苦しみを誰にも味わわせない〟との思いで現実の壁《かべ》を破ってきた人々の誓《ちか》いと行動にあったと言及しています。

移民と難民の人々に対する差別をはじめ、現代のさまざまな人権問題を解決するためには、今一度、世界人権宣言の精神を想起《そうき》し、確認し合うことが重要ではないでしょうか。

国連の初代人権部長としてその制定に尽力《じんりょく》したジョン・ハンフリー博士と、以前（1993年6月）、お会いしたことがあります。

世界人権宣言の意義などについて語り合う中、深く胸に残ったのは、博士自身が直面してきた差別や体験の話でした。

カナダ出身の博士は幼い頃、両親を病気で亡《な》くし、自らもひどい火傷《やけど》を負《お》って片腕《かたうで》を失う悲劇《ひげき》に見舞われます。兄や姉とも離れて生活し、入学した寄宿《きしゅく》学校では、その生い立ちのために、いじめや心ない扱《あつか》いを受け続けました。

大学卒業後、結婚をした翌月に起きたのが世界恐慌《きょうこう》で、博士自身は仕事を続けられたものの、いたる所で見かける失業者の姿に胸が痛んでならなかったといいます。また、1930年代後半にヨーロッパで研究生活を送った時には、ファシズムによる抑圧《よくあつ》を目の当たりにし、一人一人の権利を国際法によって守る必要性を痛感したのでした。

博士はある時、「世界人権宣言について誇《ほこ》りに思うことは、市民的、政治的権利とともに経済的、社会的、文化的権利を入れることができたことです」と述懐《じゅっかい》していました。

こうした博士の生い立ちや体験が、世界人権宣言の草案をまとめる際に大きく影響したのではないかと思えてなりません。

実のところ、博士の功績《こうせき》は、20年に及ぶ国連の人権部長の仕事を終えた後も、長らく知られないままの状態が続きました。

博士が私に強調しておられたように、世界人権宣言はあくまで「多くの人の共同作業」で制定されたものであり、「〝作者不明〟であったところに、この宣言が、いくらかの威《い》信《しん》と重要性をもてた理由があった」というのが、博士の考えだったからです。それでも私は、博士から草案の復刻版《ふっこくばん》をいただいた時、手書きの文字の一つ一つに、誰もが尊厳をもって生きられる社会の実現を願う〝種蒔《たねま》く人の祈り〟が込《こ》められているのを感じてなりませんでした。

◇

世界人権宣言が採択された1948年は、一方で、南アフリカ共和国でアパルトヘイト(人種隔離《かくり》)政策が始まった年でもありました。

その撤廃《てっぱい》を目指し、自らが受けた差別への怒りや悲しみを乗り越えながら前に進み続けたのがネルソン・マンデラ元大統領です。

初めてお会いしたのは、マンデラ氏が獄中《ごくちゅう》生活から釈放《しゃくほう》された8カ月後(1990年10月)でした。

青年時代に解放運動に立ち上がった思いを、マンデラ氏は自伝にこう綴《つづ》っています(『自由への長い道(上)』東江一紀訳、NHK出版)。

「何百もの侮蔑《ぶべつ》、何百もの屈辱《くつじょく》、何百もの記憶に残らないできごとが絶え間なく積み重ねられて、怒りが、反抗心《はんこうしん》が、同胞《どうほう》を閉じ込めている制度と闘おうという情熱が、自分のなかに育ってきた」と。

投獄《とうごく》によってさらに過酷《かこく》な扱《あつか》いを受けたものの、氏の心が憎《にく》しみに覆《おお》われることはありませんでした。

どんなに辛《つら》い時でも、看守が時折のぞかせる「人間性のかけら」を思い起こし、心を持ちこたえさせてきたからです。

すべての白人が黒人を心底《しんそこ》憎んでいるわけではないと感じたマンデラ氏は、看守たちが話すアフリカーンス語を習得し、自ら話しかけることで相手の心を解きほぐしていきました。

横暴で高圧的だった所長でさえ、転任で刑務所を離れる時には、マンデラ氏に初めて人間味のある言葉をかけました。

その思いがけない経験を経て、所長が続けてきた冷酷な言動も、突き詰めていけば、アパルトヘイトという「非人間的な制度に押しつけられたもの」だったのではないかとの思いに行き着いたのです。

27年半、実に1万日に及ぶ獄中生活を通し、「人の善良さという炎は、見えなくなることはあっても、消えることはない」(『自由への長い道(下)』)との揺るぎない確信を培《つちか》ったマンデラ氏は、出獄後、大統領への就任を果たし、「黒人も白人も含めたすべての人々」の生命と尊厳を守るための行動を起こしていきました。

大勢の黒人が白人のグループに殺害され、黒人の間で怒りが渦巻《うずま》いた時にも、型通りの言葉だけで融和《ゆうわ》を図ろうとはしませんでした。

ある演説の途中でマンデラ氏は、突然、後方にいた白人の女性を呼んで演台に迎《むか》え、笑《え》みをたたえながら〝刑務所で病気になった時に看病《かんびょう》してくれた人です〟と紹介しました。

問題は人種の違いではなく人間の心にある――その信念を物語る場面を目にした聴衆《ちょうしゅう》の雰囲気は一変し、復讐《ふくしゅう》を求める声も次第に収まっていったのです。

この振る舞いは、自身を縛《しば》り続けてきた〝非人間性の鎖《くさり》〟の重さが身に染《し》みていたからこそ表れたものではないでしょうか。

法華経に描かれた不軽菩薩の実践

私どもが信奉《しんぽう》する仏法にも、マンデラ氏が抱《いだ》いた「人の善良さという炎は、見えなくなることはあっても、消えることはない」との確信と響《ひび》き合う行動を、どこまでも貫《つらぬ》いた菩《ぼ》薩《さつ》の姿が説かれています。

釈尊の教えの精髄《せいずい》である法華経に描かれている不軽菩薩《ふきょう》の行動です。

不軽菩薩は周囲《しゅうい》から軽んじられても、〝自分は絶対に誰も軽んじない〟との誓《ちか》いのままに、出会った人々に最大の敬意《けいい》を示す礼拝《らいはい》を続けました。

悪口を言われ、石を投げつけられても、〝あなたは必ず仏になることができます〟と声をかけることをやめなかった。

マンデラ氏が獄中でひどい仕打ちを受けても、人間性に対する信頼を最後まで曇《くも》らせなかったように、不軽菩薩はどれほど周囲から非難されても、相手に尊極《そんごく》の生命が内在していることを信じ抜いたのです。

〝万人の尊厳〟を説いた法華経に基《もと》づき、13世紀の日本で仏法を弘《ひろ》めた日蓮大聖人は、その行動に法華経の精神は凝縮《ぎょうしゅく》しているとし、「不軽菩薩の人を敬《うやま》いしは・いかなる事《こと》ぞ教主《きょう》釈尊《しゅ》の出世《しゅっせ》の本懐《ほんかい》は人の振舞《ふるまい》にて候《そうら》けるぞ」（全1174・新1597）と述べました。

「仏」である釈尊の出世の本懐が、「人間」としての振る舞いにあったとは、逆説的に聞こえるかもしれません。

しかし、釈尊が人々の心に希望を灯《とも》したのは、超越的な力によるものではなく、目の前の人が苦しんでいる状態を何とかしたいという人間性の発露《はつろ》にほかなりませんでした。

重い病気で寝たきりになった人に対し、周りが手をこまねいている時に、見過ごすことはできないと体を洗って励ましたのが釈尊であり、視力を失った人が衣服のほころびを直したいと思い、〝誰か針《はり》に糸を通してもらえないだろうか〟とつぶやいた時、真っ先に声をかけて、手を差し伸べたのも釈尊でした。

その一方で、頼みにしていた2人の弟子を亡《な》くし、胸を痛めながらも自らを鼓舞《こぶ》して前に進むことをやめなかったのが釈尊であり、80歳を過ぎて体の無理がきかなくなったことを受け止めつつも、人々のために最後まで法を説き続けたのが釈尊だったのです。

失意の闇《やみ》に沈《しず》む人がいれば寄り添い、辛い出来事があっても心に太陽を昇《のぼ》らせて、人々を励まし勇気づける——。この人間・釈尊の振る舞いという源流があればこそ、法華経の〝万人の尊厳〟の思想は、生き生きとした脈動を現代まで保ち続けることができたのではないかと思えてなりません。

大乗仏教において、仏を「尊極の衆生」と名付けていたように、仏といっても、人間と隔絶《かくぜつ》した存在では決してない。不軽菩薩のように、自己の尊厳に目覚め、その重みをかみしめながら、周りの人々を大切にする人間の振る舞いが、そのまま、仏界という尊極の生命の輝きを放ち始めるというのが、法華経の核心にある教えなのです。

大聖人は、この生命のダイナミズムを、「我等《われら》は妙覚《みょうかく》の父母なり仏は我等が所生《しょしょう》の子なり」（全413・新359）と説きました。

仏法には、苦難を抱えながらも、人々のために行動する一人一人の存在こそ、尊厳の光で社会を照らし出す当体にほかならないとの思想が脈打っているのです。

人権も同じく、法律や条約があるから与えられるものではないはずです。人間は本来、誰しもかけがえのない存在だからこそ、自由と尊厳が守られなければならないのです。

人権を守る法制度づくりに息吹を吹き込んできたのも、ハンフリー博士やマンデラ元大統領のように、差別や人権侵害に見舞われながらも、〝この辛い思いを誰にも味わわせてはならない！〟と、社会の厳しい現実の壁《かべ》を一つまた一つと打ち破ってきた人たちの存在だったのではないでしょうか。

視座2

初代、2代会長による戦時中の信念の闘争

——SGIの平和運動の源流

SGIの平和運動の源流は、創価学会初代会長・牧口先生、第2代会長・戸田先生が戦時中、軍部政府による弾圧の中で貫《つらぬ》いた信念の闘争《とうそう》にあることを紹介。両先生にとって世界平和を追求する上での主眼は、国家間の緊張解消《きんちょうかいしょう》や戦争の防止にとどまらず、民衆一人一人の生命と尊厳《そんげん》を守り抜くことにあったこと、そして、戸田先生が核兵器を民衆の生存の権利を根底から脅《おびや》かす一凶《いっきょう》として捉《とら》え、「原水爆禁止宣言」を発表したことを述べています。

私どもSGIの平和運動の源流は、第2次世界大戦中に日本の軍部政府と戦い抜いた、創価学会の牧口常三郎初代会長と戸田城聖第2代会長の信念の闘争《とうそう》にあります。

牧口会長は20世紀初頭に著《あらわ》した『人生地理学』で、植民地支配の広がりによって世界の多くの民衆が苦しんでいる状況に胸を痛め、「競《きそ》いて人の国を奪《うば》わんとし、之《これ》がためには横暴残虐敢《おうぼうざんぎゃくあえ》て憚《はばか》る所《ところ》にあらず」(『牧口常三郎全集』第1巻、第三文明社、現代表記に改めた)

と警鐘《けいしょう》を鳴らしました。

また、日本が軍国主義への傾斜《けいしゃ》を強め、その影響が教育にも色濃く及ぶ中で、1930年に『創価教育学体系』を世に問い、子どもたちの幸福と社会全体の幸福のために価値創造の力を養《やしな》うことに教育の目的があると訴え、自ら実践《じっせん》の先頭に立ち続けました。

その信念は、国家総動員法※1が敷《し》かれ、「滅私奉公《めっしほうこう》」のスローガンの下《もと》、政治や経済から文化や宗教にいたるまで統制《とうせい》が進んだ時も変わることはなく、「自己を空《くう》にせよというこ とは嘘《うそ》である。自分もみんなも共に幸福になろうというのが本当である」（同第10巻、現代表記に改めた）と、軍部政府の方針に痛烈《つうれつ》な批判《ひはん》を加えたのです。

思想弾圧《だんあつ》によって機関紙が廃刊を余儀《よぎ》なくされ、会合に特高刑事の監視《かんし》がつくようになっても、一歩も退《しりぞ》かずに声を上げ続けた結果、牧口会長は1943年7月、治安維持法《ちあんいじほう》違反《いはん》と不敬罪《ふけいざい》の容疑《ようぎ》で弟子の戸田理事長（当時）らと共に逮捕《たいほ》されました。

「表現の自由」「集会の自由」「信教の自由」のすべてが奪《うば》われ、投獄《とうごく》までされながらも、牧口会長は最後まで信念を曲げることなく、獄中《ごくちゅう》で73年の生涯《しょうがい》を終えたのです。

マンデラ元大統領の忘れ得ぬ言葉に、新しい世界を勝ち取る人間とは腕組みをした傍観《ぼうかん》者《しゃ》などではなく、「暗澹《あんたん》たるときでも真実を見限ることなく、あきらめることなく何度も試み、愚弄《ぐろう》されても、屈辱を受けても、敗北を喫《きっ》してもくじけない人」であるとあります（『ネルソン・マンデラ　私自身との対話』長田雅子訳、明石書店）。

獄中で生涯を閉じたという事実だけを見れば、牧口会長の信念は結実をみなかったように映《うつ》るかもしれません。しかし、その信念は、獄中闘争を共に貫いた戸田第2代会長に厳然と受け継がれ、途絶《とだ》えはしなかったのです。

冷戦が深まる中で朝鮮戦争が起きた時、戸田会長の心を占《し》めていたのは、「戦争の勝敗、政策、思想の是非《ぜひ》」といった国際政治の次元で語られる関心事ではありませんでした。「この戦争によって、夫を失い、妻をなくし、子を求め、親をさがす民衆が多くおりはしないか」と憂慮《ゆうりょ》し、「人民がいくところがない。楽土《らくど》にたいする希望がないほど悲しきことはない」（『戸田城聖全集』第3巻）と述べたように、その思いは牧口会長と同じく、何よりも民衆の窮状《きゅうじょう》に向けられていたのです。

1956年にハンガリー動乱が起きた時にも、その眼差しは変わりませんでした。政治的な経緯《けいい》もさることながら、「国民が悲痛な境遇《きょうぐう》にあることだけは察せられる」とし、「ただ、一日も早く、地上からかかる悲惨事のないような世界をつくりたい」と、時代変革の波を民衆の行動で起こすことを固く誓ったのです。

こうした信念に基づき、どの国の民衆も踏み台にされることのない世界を築く「地球民族主義」を提唱した戸田会長が、絶対に見過ごすことのできない一凶《いっきょう》と捉えていたのが、民衆の生存の権利を根底から脅《おびや》かす核兵器の問題にほかなりませんでした。

であればこそ戸田会長は逝去《せいきょ》の7カ月前に「原水爆禁止宣言」を発表し、核兵器の禁止と廃絶《はいぜつ》への道を切り開くことを、当時、青年だった私たちに託《たく》したのであります。

一人一人の生命と尊厳を守り抜く

このように、二人の先師にとって世界平和の追求は、国家間の緊張解消や戦争の防止にとどまらず、民衆一人一人の生命と尊厳を守り抜くことに主眼がありました。

ＳＧＩが核兵器禁止条約の制定を目指す中で、「生命の権利」を守る人権アプローチを重視してきたのは、牧口会長と戸田会長の精神を受け継いだものだったのです。

その意味でも、禁止条約が軍縮に関するものでありながら、国際人権法の精神を宿《やど》していることに深い意義を感じてなりません。

条約の最大の特色は、核兵器を禁止する理由として「すべての人類の安全」への危険性を挙《あ》げ、被害を受ける〝人間〟の観点を条約の基礎《きそ》に据《す》えていることにあります。また、条約に関わる主体として、国家だけでなく、市民社会の役割の重要性を明確に位置付けていることです。

歴史を振り返れば、国際社会における個人の存在を、同情の対象ではなく権利の主体として位置付けるきっかけとなったのは、「われら人民」の言葉で始まる国連憲章《けんしょう》であり、「すべての人」という主語を掲《かか》げる条文などで構成された世界人権宣言でした。

核兵器禁止条約でも、自らの被爆体験を通して核兵器の非人道性を訴え続けてきた行動の重みをとどめるべく、

核兵器禁止条約の交渉会議。122カ国の賛成で条約が採択された（2017年7月、ニューヨークの国連本部）

「被爆者」の文字が前文に刻まれています。

禁止条約の交渉会議で、市民社会の代表が座《すわ》っていた席は議場の後方でした。しかし、ある国の代表が、市民社会は〝尊敬《そんけい》の最前列〟にあったと語ったように、禁止条約を成立させる原動力となったのは、広島と長崎の被爆者や核被害を受けた世界のヒバクシャをはじめ、心を同じくして行動を続けてきた市民社会の声だったのです。

ＳＧＩもその連帯に連なり、ＩＣＡＮとの共同制作による展示を通した核兵器の非人道性に関する意識啓発《いしきけいはつ》や、国連への作業文書の提出などを通して、核兵器禁止条約の制定プロセスに深く関わってこられたことは、大きな喜びとするところであります。

平和や人権といっても、一足飛びに実現できるものは何一つありません。

〝自らが体験した悲惨な出来事を誰の身にも起こさせない〟との誓いが平和と人権を守る精神的な法源となり、市民社会の間で行動の輪が大きく広がる中でこそ、一人一人の生命と尊厳を守る法律や制度の基盤は固められていくのではないでしょうか。

視座3

差別を助長《じょちょう》する無意識の壁《かべ》

――「フィルターバブル」が引き起こす問題

ネット空間において情報を探す際《さい》に、利用者の傾向《けいこう》を反映した情報が優先的に表示され、特定のフィルターで選別された情報にさらされ続けることで、同じような考えを持つ人々との一体感ばかりが増幅《ぞうふく》する現状が見られると言及。社会問題を巡《めぐ》る認識においても、自分の考えと異なる意見から遠ざけられがちな兆候《ちょうこう》があると警鐘《けいしょう》を鳴らしています。

近年、情報社会化が進み、他者とつながる可能性は拡大しているにもかかわらず、ネット空間を通じて増幅《ぞうふく》するのは、同じような考えを持つ人々との一体感ばかりという現象がみられることが懸念《けねん》されます。

「フィルターバブル」と呼ばれるもので、インターネットで情報を探す際に、利用者の傾《けい》向《こう》を反映した情報が優先的に表示され、他の情報が目に入りにくくなるため、知らず知らずのうちに特定のフィルターで選別された情報に囲《かこ》まれて、バブルの球体の膜《まく》に包まれてしまったような状態になることを指します。

深刻なのは、社会問題を巡《めぐ》る認識でも、その傾向《けいこう》が顕著《けんちょ》になりつつあることです。気になる社会問題があっても、目にするのは、自分の考えに近い主張や解説が載《の》ったウェブサイトやSNS（インターネット交流サイト）の内容になってしまいがちで、異なる意見は最初から遠ざけられ、吟味《ぎんみ》の対象となることは稀《まれ》だからです。

この問題に詳しいイーライ・パリサー氏は、「情報の共有が体験の共有を生む時代において、フィルターバブルは我々を引《ひ》き裂《さ》く遠心力となる」と注意を喚起《かんき》しています。

物事を適切《てきせつ》に判断するためには文脈を把握《はあく》し、さまざまな方位に目を配ることが必要となるはずなのに、「フィルターバブルでは360度どころか、下手をすると1度しか認識できない可能性がある」と、視野の狭《せま》さがもたらす悪影響に警鐘《けいしょう》を鳴らしているのです（『フィルターバブル』井口耕二訳、早川書房を引用・参照）。

多様性の尊重に関する研究でも、社会で主流をなす集団の人々が、差別的な扱《あつか》いを自分たちは受けずに済《す》んでいる現実をさほど意識しないままでいることが、それ以外の人々に「生きづらさ」を感じさせる状況を助長してきたと指摘されています。

かつて、〝公民権運動の母〟と呼ばれるローザ・パークスさんとお会いした時（1993

年1月)、語っておられた言葉が忘れられません。

「私は悲しい出来事をいくつもいくつも体験してきました。人種差別が、法律のもとで堂々とまかり通り、自分も含めて多くの人々が苦しむのを、何度も目の当たりにしています」

心の痛みをどれだけ強く感じようが、目に見える形で表さなければ、誰も気にとめようとはしない――。

あの歴史的なバス・ボイコット運動は、パークスさんの〝不正義に対する明確な拒否《きょひ》〟の姿勢が、多くの人々の胸に突《つ》き刺《さ》さったからこそ、大きな波動を巻き起こしたのではないでしょうか。

歴史の教訓を青年に語り継ぐ

日本でも、中国や韓国など近隣諸国の人々への差別意識が根強くみられることは、極《きわ》めて遺憾《いかん》と言わざるを得ません。

近隣諸国との相互理解と信頼の構築を目指し、私が長年にわたって交流を深める中で友《ゆう》誼《ぎ》を結んできた一人に、韓国の李寿成《イスソン》元首相がいます。

李元首相の父君は、日本が植民地支配をしていた時代に判事の仕事に就きましたが、韓服を着て出勤し、日本語を話すことを強要されても、決して受け入れませんでした。そして、固有の名前を日本式に改める「創氏改名《そうしかいめい》」を拒否したために判事の職を追われ、弁護士の仕事を始めようとしても開業を許《ゆる》されなかったといいます。

この李元首相から伺《うかが》った話を含め、戦前と戦時中に非道な扱いを受けた近隣諸国の人々の心の痛みを日本の青年たちに語り継《つ》がねばならないとの思いで、私はことあるごとに歴史の教訓を訴えてきました。

昨年（２０１７年）10月、創価大学で講演した李元首相は、「どんなに優《すぐ》れた人であっても、他者に対して傲慢《ごうまん》であってはならない。また、ある民族が他の民族に対して、傲慢であってはならない」と呼びかけましたが、日本で今なお続く差別をなくすためにも、若い世代が胸に刻《きざ》んでほしいと願わずにはいられません。

ともすれば差別は、多くの人にとって無関係のものと受け止められがちです。しかし、社会的なマイノリティー（少数者）の立場に置かれてきた人々にとって、それは日常的に身に降《ふ》りかかる現実なのです。

人権教育は、こうした差別を助長する〝無意識の壁《かべ》〟の存在に目を向けさせ、日々の行動を見つめ直す契機《けいき》となるものです。

◇

フィルターバブルや〝無意識の壁〟に囲《かこ》まれていると、他者の人間性の輝きは目に映《うつ》らず、自分に本来具《そな》わる人間性の輝きも曇《くも》らされて周囲に届《とど》かなくなってしまいます。

人権教育には、属性《ぞくせい》や立場の違いがつくり出す自他を隔《へだ》てる壁を取り払い、自分にとっても、他の人々にとっても〝人間性の光〟を豊かに輝かせる場を広げる力があります。

大乗仏教に「因陀羅網《いんだらもう》」（帝釈天《たいしゃくてん》の宮殿を飾《かざ》る網《あみ》）の譬《たと》えがあります。

壮大《そうだい》な網の結び目の一つ一つに付けられた宝玉《ほうぎょく》が、互いの姿を映し合う中で、それぞれの輝きを増し、網全体も荘厳《そうごん》されていくイメージに、私は、人権教育が切り開く社会のビジョンをみる思いがします。

人権教育に関する国連宣言※2が呼びかける「多元的で誰も排除《はいじょ》されない社会」は、その〝人間性の光〟を豊かに受け合うつながりを幾重《いくえ》にも織り成す中で、力強く支えられていくのではないでしょうか。

1　１９３８年３月に制定された、戦争遂行のために国内の人的資源と物的資源を統制・運用する権限を政府に与える法律。同法に基づいて、国民徴用令や生活必需物資統制令など多くの勅令がつくられた。太平洋戦争を機に適用が拡大され、国民生活を全面的に拘束するものとなった。終戦を経て、45年12月に廃止。

2　正式名称は、人権教育および研修に関する国連宣言。人権教育の国際基準を国連として初めて定めたもので、２０１１年12月に国連総会で全会一致で採択された。国家があらゆる適切な手段を通して、人権教育・研修の権利の十分な実現を図る義務があることや、ＮＧＯを含む市民社会の役割の重要性などが謳われている。

メモ5

地球益、人類益のための日中の連携

池田先生は日本と中国の間にまだ国交がなかった1968年、「日中国交正常化提言」を発表し、「国交正常化のためには、それに付随《ふずい》して解決されなければならない問題がたくさんある」「これらは、いずれも複雑で困難な問題であり、日中両国の相互理解と深い信頼、また、何よりも、平和への共通の願望なくしては解決できない問題である」と述べるとともに、「国家、民族は、国際社会のなかで、かつてのように利益のみを追求する集団であってはならない。広く国際的視野に立って、平和のため、繁栄《はんえい》のため、文化の発展・進歩のために、進んで貢献《こうけん》していってこそ、新しい世紀の価値ある民族といえる」と訴えた。

以来、両国の協働に向けた具体的な提案を重ねてくる中で、2018年の提言では、国連のSDGsの取り組みを加速させる一助として気候変動対策における両国の連携を提唱。日本では環境未来都市と環境モデル都市に指定された自治体を中心に温暖化防止の対策が積極的に行われ、中国では多くの地域で再生可能エネルギーの導入が進んでいることや、東京都と北京市、北九州市と大連市など環境分野での自治体同士の提携の実績があることを踏まえ、「これまで積み上げてきた〝両国の関係を深めるための協力〟を基盤《きばん》としながら、『地球益』や『人類益』のための行動の連帯を図る挑戦を、大きく前に進めるべき」と呼びかけた。

2019年

２０１９年（第44回「ＳＧＩの日」記念提言）

「平和と軍縮の新しき世紀を」

時代背景――２０１８年の主な出来事

●ＩＮＦ（中距離核戦力）全廃条約を巡《めぐ》る危機

ＩＮＦ（中距離核戦力）全廃条約は１９８７年にアメリカ（レーガン大統領）とソ連（ゴルバチョフ書記長）の間で結ばれた2国間条約。特定のカテゴリーの兵器の全廃《ぜんぱい》に合意した歴史的な条約であり、東西冷戦の終結《しゅうけつ》に向けて重要な布石となった。しかし２０１８年10月、アメリカはロシア側の条約不履行《ふりこう》を理由に条約から脱退《だったい》する意向を示し、翌２０１９年2月に正式に離脱《りだつ》を通告。半年後の同年8月に条約は失効した。

この提言の全文はこちらから読むことができます

要旨

２０１９年の提言ではまず、軍縮を阻《はば》んできた背景にあるものを探《さぐ》る手がかりとして、物理学者で哲学者のカール・フォン・ヴァイツゼッカー博士が考察《こうさつ》した「平和不在」の病理に言及しています。〝病に対する治癒《ちゆ》〟のアプローチを重視する仏法の視座を通して、人間の生き方を変革するための鍵《かぎ》を提起し、「平和な社会のビジョン」の骨格《こっかく》を打ち出した核兵器禁止条約の歴史的意義を強調しています。

続いて、核兵器禁止条約への参加の機運《きうん》を高めるために、有志国による「核兵器禁止条約フレンズ」の結成を提案。また、次回のＮＰＴ（核兵器不拡散条約）再検討会議を受ける形で国連の第４回軍縮特別総会を行うこと、さらに、ＡＩ（人工知能）兵器とも呼ばれる自律型《じりつがた》兵器システムを禁止する条約の交渉《こうしょう》会議を早期に立ち上げるよう訴えています。

最後に、国連で「水資源担当の特別代表」を新たに任命することや、国連と世界の大学を結ぶ「国連アカデミック・インパクト」に触《ふ》れつつ、世界の大学をＳＤＧｓ（持続可能《じぞくかのう》な開発目標）の推進拠点《すいしんきょてん》にする流れを強めるための提案を行《おこな》っています。

視座1

冷戦時代から続く「平和不在」の病理
——ヴァイツゼッカー博士の考察

平和と軍縮の問題は冷戦時代から続く難題であると述べつつ、軍縮を阻《はば》む背景にあるものについて、カール・フォン・ヴァイツゼッカー博士が「平和不在」という名の病理と捉《とら》え、それを誰もが「自身のうちに認識」する必要があると掘り下げていた洞察《どうさつ》を紹介。仏典のアングリマーラを巡《めぐ》る説話にある人間の生き方の変革のドラマを踏まえ、軍縮を世界の潮流《ちょうりゅう》に押し上げていくために、「平和不在」の病理に対する認識を持ちながら、共に治癒《ちゆ》のあり方を探《さぐ》っていきたいと論じています。

世界では今、多くの分野にわたって兵器の脅威《きょうい》が増しています。

小型武器をはじめ、戦車やミサイルなどの通常兵器の輸出入を規制《きせい》する武器貿易条約が2014年に発効しましたが、主要輸出国の参加が進まず、紛争地域で武器の蔓延《まんえん》を食い止められない状態が続いています。

化学兵器のような非人道的な兵器が、再び使用される事態も起きました。

また兵器の近代化に伴《ともな》って、深刻な問題が生じています。武装したドローン（無人航空機）による攻撃が行われる中、市民を巻き込む被害が広がり、国際人道法の遵守《じゅんしゅ》を危《あや》ぶむ声があがっているのです。

核兵器を巡《めぐ》る緊張《きんちょう》も高まっています。

昨年（２０１８年）10月、アメリカのトランプ大統領は、ロシアとの中距離核戦力（INF）全廃《ぜんぱい》条約※1から離脱《りだつ》する方針を発表しました。

両国の間で条約の遵守に関する対立が続いてきましたが、今後、条約が破棄《はき》されることになれば、他の保有国を含めた核軍拡競争が再燃《さいねん》する恐れがあります。

まさにグテーレス事務総長が「軍縮アジェンダ」の序文で述べていた、「冷戦時代の緊張状態が、より複雑さを増した世界に再び出現している」（「軍縮アジェンダ・私たちの共通の未来を守る」、「世界」２０１８年11月号所収、岩波書店）との警鐘《けいしょう》が、強く胸に迫《せま》ってきてなりません。

なぜ、このような事態が21世紀の世界で繰り返されようとしているのか――。

この問題を前にして思い起こされるのは、著名な物理学者で卓越《たくえつ》した哲学者でもあったカール・フォン・ヴァイツゼッカー博士が、かつて述べていた慧眼《けいがん》の言葉です。

博士は、私が友誼《ゆうぎ》を結んできたエルンスト・フォン・ヴァイツゼッカー氏（ローマクラブ名誉共同会長）の父君で、世界平和のための行動を貫《つらぬ》いた尊《とうと》い生涯《しょうがい》については対談集でも語り合ったところです。

その博士が冷戦の終結後に、〝ベルリンの壁〟が崩壊《ほうかい》した1989年からドイツの統一が実現した90年までの世界の動きを振り返って、こんな言葉を述べていました（『自由の条件とは何か　1989〜1990』小杉尅次・新垣誠正訳、ミネルヴァ書房）。

「世界情勢はこの一年間全体としてはほんのわずかしか変化を経験しなかった」

もちろん、東西に分断《ぶんだん》されたドイツで人生の大半を過ごしてきた博士自身、冷戦の終結を巡《めぐ》る一連の動きが、歴史的な一大事件にほかならなかったことを何度も強調していました。

戦争・被爆証言をまとめた創価学会の反戦出版。1974年に第1号の書籍が発刊され、これまで100冊を超える書籍が刊行されている

そのことを承知《しょうち》の上で博士には、ソクラテスの産婆術《さんばじゅつ》※2にも通じるような言葉の投げかけによって伝えたいメッセージがあったのではないでしょうか。

当時の政治・軍事状況を踏まえて、博士は次のように述べていました。

「制度化された戦争の克服《こくふく》は、残念ながら現況ではまだ精神の根源的変革の域《いき》に達していません」

つまり、異なる集団の間で覇権《はけん》を巡って戦闘が繰り広げられる「制度化された戦争」の克服という根本課題は、冷戦の終結をもってしても、確たる展望を開くことができないままとなっている、と。

そして、こう警告《けいこく》を発していたのです。

「二〇世紀最後半の現時点においても停止することなき軍拡競争の結果、新種の武器開発が行《おこ》なわれ、それがさらに戦争を勃発《ぼっぱつ》させる事態へ連動していく可能性と危険性すら存在する」

今の世界にも当てはまる警告であり、博士の洞察の深さを感じずにはいられません。平和と軍縮の問題は、冷戦時代から現在に至《いた》るまで〝地続き〟となっており、アポリア（難題）として積み残されたままであることが浮《う》き彫《ぼ》りとなるからです。

それでも、希望の曙光《しょこう》はあります。軍縮の分野で、国際政治や安全保障に基《もと》づく議論だけでなく、人道的な観点からの問題提起《ていき》が行われるようになり、対人地雷《じらい》、クラスター爆弾、そして核兵器と、非人道的な兵器を禁止する条約が一つまた一つと制定されてきているからです。

国際人道法の形成にみられる歴史の大きな流れとしての人道的アプローチを追い風としながら、軍縮を大きく前進させるための共同作業を、すべての国が協力して開始していかねばなりません。

軍縮を阻んできた背景にあるもの

そこで、一つの手がかりとして言及したいのが、ヴァイツゼッカー博士が、軍縮を阻《はば》んできた背景にあるものを、「平和不在」という名の病理として掘り下げていた考察です(『心の病としての平和不在』遠山義孝訳、南雲堂)。

私が着目したのは、博士が平和を巡る問題を〝病気〟に譬《たと》えることで、いずれの国にも、また、どんな人にも決して無縁な課題ではないとの前提に立っていた点です。

その考えの基底《きてい》には、人間は善と悪に分けられるような存在ではなく、「確定されていない生き物」であるとの認識がありました。

ゆえに、「ひとは平和不在を外側から、愚《おろ》かさとも悪ともみなしてはいけない」のであって、「病気の現象だけを、目の前に置かねばならない」と強調したのです。

また博士は、「平和不在は教化によっても、罰《ばっ》することによっても克服できない。それは治療《ちりょう》と呼ぶべき別のプロセスを必要とする」と指摘し、こう呼びかけていました。「わたしたちが、病気の症状《しょうじょう》をわたしたち自身のうちに認識しない限り、また他の人達とわたしたち自身を病人として受け入れることを習わない限り、いかにしてわたしたちは病人を助けることができましょうか」と。

そうした博士であればこそ、アメリカとソ連に続いてイギリスが核開発競争に踏み出していた時代に、次のような問題意識を提示していたのではないかと思います。

博士が中心になって起草《きそう》し、他の学者たちとの連名で57年に発表した「ゲッティンゲン宣言」には、こう記されています。

「自国を守る最善の方法、そして世界平和を促進する最短の道は、明確かつ自発的に、いかなる種類の核兵器の保有も放棄《ほうき》することであるとわれわれは信ずる」（マルティン・ヴァ

イン『ヴァイツゼッカー家』鈴木直・山本尤・鈴木洋子訳、平凡社）

この言葉は、核開発競争を続ける保有国に向けられたものというよりも、まずもって、〝自分の国が核問題にどう臨《のぞ》むべきか〟との一点に焦点《しょうてん》を当てたものでした。

また、科学者として自分たちの仕事がもたらす結果に対する責任を負《お》うがゆえに、すべての政治問題に対して沈黙《ちんもく》することができないと宣言したのです。

◇

では、いかなる手段も厭《いと》わず、どんな犠牲《ぎせい》が生じても構わないといった思想に横たわる「平和不在」の病理を乗り越えて、すべての人々の命を救うための軍縮を世界の潮流《ちょうりゅう》に押し上げていくためには、何が必要となるのか——。

この難題と向き合うにあたり、〝病に対する治癒《ちゆ》〟のアプローチを重視する仏法の視座を示すものとして紹介したいのは、釈尊が在世の時代の古代インドで、多くの人命を奪《うば》い、人々から恐れられていたアングリマーラを巡《めぐ》る説話です。

——ある時、釈尊の姿を見かけたアングリマーラは、釈尊の命を奪おうとして、後を追いかけた。

しかし、どれだけ足を速めても、釈尊のそばにはたどりつけない。

業《ごう》を煮《に》やした彼が立ち止まり、釈尊に「止まれ」と叫んだ。すると釈尊から返ってきたのは、「アングリマーラ、わたしは止まっている。おん身が止まれ」との答えだった。

自分は足を止めているのに、なぜ、そんなことを言うのかとたずねるアングリマーラに対し、釈尊はさらにこう答えた。

「止まれ」と言ったのは足のことではない。次々と命を奪うことに何の痛痒《つうよう》も感じない、その行動の奥底《おうてい》にある害心《がいしん》に対し、自らを制して止まるように言ったのである、と（長尾雅人責任編集『世界の名著1　バラモン教典　原始仏典』中央公論社を引用・参照）。

この言葉に胸を打たれたアングリマーラは、害心を取り払って悪を断つことを決意し、手にしていた武器を投げ捨《す》てた。そして釈尊に、弟子に加えてほしいと願い出たのです。以来、彼は釈尊に帰依《きえ》し、自らが犯《おか》した罪を深く反省しながら、贖罪《しょくざい》の思いを込めた仏道修行にひたすら励みました。

そんなアングリマーラに、もう一つの重要な転機が訪れました。

――アングリマーラが托鉢《たくはつ》をしながら街《まち》を歩いていると、難産で苦しんでいる一人の女性を見かけた。何もできずに立ち去ったものの、女性の苦しむ姿が胸に残り、釈尊のもとに赴《おもむ》いてそのことを伝えた。

釈尊はアングリマーラに対し、女性のもとに引き返して、次の言葉をかけるように促《うなが》した。「わたしは生まれてからこのかた、故意《こい》に生物の命を奪った記憶がない。このことの真実によっておん身に安らかさあらんことを、胎児《たいじ》に安らかさあらんことを」と。

自分が重ねてきた悪行《あくぎょう》を知るがゆえに、アングリマーラは真意がつかめなかった。そこで釈尊は、アングリマーラが害心を自ら取り払い、深く反省して修行を重ねていることに思いを至《いた》らせるかのように、改めて彼に対し、女性にこう告げるように呼びかけた。

「わたしはとうとい道に志《こころざ》す者として生まれ変わってからこのかた、故意に生物の命を奪った記憶がない。このことの真実によっておん身に安らかさあらんことを、胎児に安らかさあらんことを」と。

釈尊の深い思いを知ったアングリマーラは、街に戻《もど》って女性に言葉を捧《ささ》げた。すると苦しんでいた女性は穏《おだ》やかな表情を取り戻し、無事に子どもを出産することができたのだった――(前掲『世界の名著1　バラモン教典　原始仏典』を引用・参照)。

この二つの出来事を通して、釈尊がアングリマーラに促したことは何であったか。

それは、彼を長らく突き動かしてきた害心に目を向けさせて、悪行を食い止めたことにとどまりませんでした。母子の命を助けるための道を照らし出し、アングリマーラが自らの誓いをもって〝命を救う存在〟になっていく方向へと、心を向けさせたのです。

もちろんこの説話は、一人の人間の生き方の変革のドラマを描いたものであって、現代とは時代も違えば、状況も違います。

しかし、行為《こうい》の禁止を強調するだけでなく、その行為とは正反対の〝命を救う存在〟へと踏み出すことを促すベクトル（方向性）は、社会の変革にまで通じる治癒の底流《ていりゅう》となり得るのではないかと、私は提起したいのです。

今から70年前（１９４９年）に締結され、国際人道法の重要な原則を定めたジュネーブ諸条約には、このベクトルに相通じるような条約制定への思いが込められていたと感じます。

ジュネーブ諸条約は、妊婦《にんぷ》をはじめ、子どもや女性、高齢者や病人を保護《ほご》する安全地帯の設置などを求めて、第2次世界大戦の末期に赤十字国際委員会が準備作業に着手《ちゃくしゅ》していたものでした。

戦後、交渉会議に参加した国々は、条約の採択《さいたく》に際し次の表明を行いました。

「各国政府は将来にわたり、戦争犠牲者《ぎせいしゃ》の保護のジュネーブ諸条約を適用《てきよう》しなければならないことのないよう、また各国は強大国であろうと弱小国であろうと常に諸国間の相互理

解と協力により紛争を友好的に解決することを希望する」（井上忠男『戦争と国際人道法』東信堂）

つまり、条約に対する違反行為を共に戒《いまし》めるといった次元にとどまらず、条約の適用が問われるような、多くの人命が奪われる事態を未然《みぜん》に防ぐとの一点に、条約の制定を導《みちび》いた思いが凝縮《ぎょうしゅく》していたのです。

多くの人々が目の当たりにした戦争の残酷《ざんこく》さと悲惨さが、交渉会議の参加者の間にも皮膚《ひふ》感覚として残っていたからこそ、国際人道法の基盤となる条約は、強い決意をもって採択されたのではないでしょうか。

創価学会青年部の「青年不戦サミット」（2024年９月、広島市内）。同サミットは広島、長崎、沖縄の代表による「３県平和サミット」として1989年に始まり、2015年から現在の名称に改称して行われている

私は、この条約の原点を常に顧《かえり》みることがなければ、条文に抵触《ていしょく》しない限り、いかなる行為も許《ゆる》されるといった正当化の議論が繰り返されることになると、強く警告を発したい。

ましてて現在、AI兵器と呼ばれる「自律型致死《ちし》兵器システム（LAWS）」の開発が進む中で、〝人間が直接介在《かいざい》せずに戦闘が行われる紛争〟の到来《とうらい》さえ、現実味を帯《お》びようとしています。このままではジュネーブ諸条約に結実した国際人道法の精神が十全に発揮されなくなる恐れがあり、私たちは今こそ、「平和不在」の病理を克服する挑戦を大きく前に進めねばならないと思うのです。

そのために重要な足場となるのが、「平和不在」の病理に対する認識を互いに持ちながら、治癒のあり方を共に探ること――すなわち、「平和な社会のビジョン」を共有していくことではないでしょうか。

私は、このビジョンの骨格《こっかく》となるものを打ち出した軍縮国際法の嚆矢《こうし》こそ、核兵器禁止条約にほかならないと訴えたい。

視座2 軍縮の進展へ「青年の関与」の主流化を
――社会を蝕《むしば》む〝あきらめ〟の打破

現代の軍拡競争の問題は、あまりに複雑で巨大になっていることから、現実を〝動かしがたいもの〟とするあきらめを生み、人間の生き方や未来にまで影響を与えかねないと指摘。そのような中にあって、「核兵器禁止条約」が世界中の民衆の声によって実現したことを踏まえ、いかなる事態にあっても決してあきらめる必要はないことを世界の青年に呼びかけています。

現代の軍拡競争は、戦闘《せんとう》の有無にかかわらず、日常生活にまで及ぶ脅威《きょうい》を招いています。しかも、その深刻さは、平和や人道に対する脅威だけにとどまりません。人間の生き方、特に青年に及ぼす影響の観点から見つめ直してみるならば、軍拡の問題があまりにも複雑で巨大になってしまったがゆえに、現実を変えることはできないといった〝あきらめ〟を蔓延《まんえん》させる点に、根源的な深刻さがあるのではないでしょうか。

「平和不在」の病理の克服《こくふく》を訴えたヴァイツゼッカー博士が、何より懸念《けねん》していたのもこの問題でした（C・F・フォン・ヴァイツゼッカー『心の病としての平和不在』遠山義孝訳、南雲堂）。

博士は、制度的に保障された平和の必要性を訴える自分の主張に対し、寄《よ》せられる非難《ひなん》として二つの類型《るいけい》を挙《あ》げました。

一つは、「われわれは平和の中で暮《く》らしているではないか。大規模な兵器こそが平和をまもっているのだ」との非難です。

もう一つは、「戦争はいつの時代にもあったし、またこれからもあるだろう。人間の自然とはそういうものだ」との非難でした。

奇妙《きみょう》なことに二つの非難は、しばしば同じ人間が発する言葉でもあったといいます。つまり、「同じ人が、一方では平和の中で暮らしていると考え、他方では、平和は単なる聞き届けられない願望《がんぼう》であるといっている」と。

そこで博士は、本人でも気づかない矛盾《むじゅん》がなぜ起こるのかについて考察《こうさつ》を進めました。

注視《ちゅうし》し続けることが困難な問題を前にした時、人間にはそれを頭の中から押しのけようとする心理が働く。その心の動きは、ある場合には精神の均衡《きんこう》を保つために必要かもしれないが、「生存に必要な判断」が求められる時に、果たしてそれで良いのだろうか。

それは、「わたしたち人間が、平和をつくり出すようになるためにはなにがなされねばならないか」について、真摯《しんし》に考えようとする取り組みを足止めしてしまうのではないか。なにを実行しなければならないか――というのが、博士の問題提起だったのです。

この考察から半世紀が経《た》った今なお、核抑止《よくし》を積極的に支持しないまでも、安全保障のためにはやむを得ないと考える人々は、核保有国や核依存国の中に少なくありません。

核戦争が実際に起こらない限り、「大規模な兵器こそが平和をまもっているのだ」と考え、核の脅威から目を背《そむ》けていても、一見、何の問題もないようにみえるかもしれない。

しかし、核問題に対する〝あきらめ〟が蔓延していること自体が、社会の土壌《どじょう》と青年たちの未来を蝕《むしば》みかねないことに目を向ける必要があります。

核抑止に基《もと》づく安全保障は、ひとたび戦端《せんたん》が開かれれば、他国と自国の大勢の人々の命を奪い去る大惨事《だいさんじ》を招くだけではない。核兵器が使用される事態が起きなくても、核の脅威の下《もと》で生きることを強《し》いられる不条理は続き、核兵器の防護《ぼうご》や軍事機密の保護が優先《ゆうせん》されるため、国家の安全保障の名の下に自由や人権を制限する動きが正当化される余地《よち》も常に残ります。

そこに〝あきらめ〟の蔓延が加われば、自分たちの身に自由や人権の侵害が降《ふ》りかからない限り、必要悪として見過ごしてしまう風潮が社会で強まる恐れがあるからです。

ヴァイツゼッカー博士が懸念していた「平和不在」の病理がもたらす悪影響が、このような形で今後も強まっていくことになれば、次代を担《にな》う青年たちが健全で豊かな人間性を育む環境は損《そこ》なわれてしまうのではないでしょうか。

戦乱を越える方途

釈尊の教えの精髄《せいずい》である法華経に基づき、13世紀の日本で仏法を展開した日蓮大聖人が、「立正安国論」において、社会の混迷《こんめい》を深める要因として剔抉《てっけつ》していたのも、〝あきらめ〟の蔓延でありました。

当時は、災害や戦乱が相次ぐ中で、多くの民衆が生きる気力をなくしていました。その上、自分の力で困難を乗り越えることをあきらめてしまう厭世観《えんせいかん》に満《み》ちた思想や、自己の心の平穏《へいおん》だけを保つことに専念《せんねん》するような風潮が社会を覆《おお》っていました。

その思想と風潮は、法華経に脈打つ教えとは対極にあるものにほかなりませんでした。

法華経では、すべての人間に内在する可能性をどこまでも信じ、その薫発《くんぱつ》と開花を通じて、万人の尊厳が輝く社会を築くことを説いていたからです。

度重《たびかさ》なる災害で打ちひしがれている人々の心に希望を灯《とも》すには何が必要なのか。紛争や内戦を引き起こさないためには、どのような社会の変革が求められるのか――。

大聖人はその課題と徹底《てってい》して向き合いながら、「如《し》かず彼《か》の万祈《ばんき》を修《しゅ》せんよりは此《こ》の一《いっ》凶《きょう》を禁《きん》ぜんには」（全24・新33）と訴え、〝あきらめ〟の心を生じさせる社会の土壌に巣《す》くう病根を取り除く重要性を強調しました。

社会の混迷が深いからといって、あきらめるのではない。人間の内なる力を引き出して、時代変革の波を共に起こすことを呼びかけたのが、大聖人の「立正安国論」だったのです。

私どもは、この大聖人の精神を受け継《つ》ぎ、牧口初代会長と戸田第2代会長の時代から今日に至《いた》るまで、地球上から悲惨《ひさん》の二字をなくすために行動する民衆の連帯を築くことを社会的使命としてきました。

こうした仏法の源流にある釈尊の苦に関する洞察《どうさつ》について、「厭世的な気分というものはない」（『佛陀と龍樹』峰島旭雄訳、理想社）と評《ひょう》したのは、哲学者のカール・ヤスパースでした。

ヤスパースの著作の中に、〝あきらめ〟を克服するための方途を論じた考察があります（『実存開明』草薙正夫・信太正三訳、創文社）。

一人一人の人間が直面する逃《のが》れられない現実を「限界状況」と名づけたヤスパースは、「現存在としてわれわれは、限界状況の前に眼を閉《と》ざすことによってのみ、それらを回避《かいひ》することができる」が、それは自身の内なる可能性を閉ざすことになると指摘しました。

私が重要だと感じたのは、ヤスパースが、限界状況といっても一人一人の人間にとって個別具体的なものであるからこそ、そこに打開の糸口を見いだせると洞察していた点です。

つまり、人間はそれぞれ、生まれや環境といった異なる人生を背負っており、その制約によって生きる条件が狭《せば》められるものの、限界状況を自覚して正面から向き合うことを決断すると、他の誰かとは代替《だいたい》できない個別の境遇《きょうぐう》という「狭《せま》さ」を、本来の自分に生きゆく生の「深さ」へと転換することができる、と。

その上でヤスパースは、「このような限界状況にあっては、客観的な解決などというものは永久にあるわけでなく、あるものは、その都度《つど》の解決だけである」と訴え、だからこそ自分自身でなければ起こすことのできない一回一回の行動の重みが増してくると強調したのです。

現実を甘受する必要はない

このヤスパースの呼びかけは、冷戦時代から平和と共存の道を開くために行動してきた私自身の思いとも重なるものです。

冷戦対立が激化した1974年に、中国とソ連を初訪問した私に浴《あ》びせかけられたのは、「宗教者が、何のために宗教否定の国へ行くのか」との批判でした。

しかし私の思いは、平和を強く願う宗教者だからこそ、中日友好協会やモスクワ大学から受けた中国やソ連への招聘《しょうへい》という機縁《きえん》を無にすることなく、何としても友好交流の基盤を築きたいとの一点にありました。

〝このようにすれば必ず成功する〟といった万能《ばんのう》な解決策など、どこにもなかった。まさに、それぞれが「一回限りの状況」というほかない出会いと対話を誠実《せいじつ》に重ねながら、教育交流や文化交流の機会を一つまた一つと、手探りで積み上げてきたのです。

冷戦終結後も、どの国の人々も孤立《こりつ》することがあってはならないと考え、アメリカとの厳《きび》しい対立関係にあったキューバや、テロ問題に直面していたコロンビアなどを訪問して

ICAN（核兵器廃絶国際キャンペーン）のメリッサ・パーク事務局長（前列左から5人目）一行を東京・信濃町の創価学会総本部に歓迎（2024年1月）

きました。自分は何もできることはないとあきらめるのではなく、〝宗教者や民間人だからこそできることは必ずあるはずだ〟との信念で各国に足を運んできたのです。

また、35年以上にわたって平和と軍縮のための提言を続け、市民社会の連帯を広げるための行動を重ねてきました。

その大きな目標であった核兵器禁止条約が実現をみた今、私は自らの経験を踏まえて、世界の青年たちに呼びかけたい。

一人一人が皆、尊極の生命と限りない可能性を持った存在にほかならず、国際社会の厳しい現実を、動かし難いものとして甘受《かんじゅ》し続けなければならない理由はどこにもない！

――と。

1　アメリカのレーガン大統領とソ連のゴルバチョフ書記長が１９８７年12月に署名した条約。射程５００～５５００キロの地上配備の弾道ミサイルと巡航ミサイルの生産・実験・保有を禁止した。冷戦終結後はロシアが条約の義務を継承し、91年５月に対象兵器の全廃が完了したが、新たなＩＮＦの配備を禁止した条約の規定などを巡って対立が続き、２０１９年８月に失効した。

2　古代ギリシャの哲学者ソクラテスが用いた問答法で、言葉の投げかけや対話を重ねる中で、通念や常識に対する疑問を相手に呼び起こし、正しい認識や真理に導くアプローチ。弟子のプラトンがまとめた対話篇『テアイテトス』では、ソクラテスが、助産師だった彼の母の仕事になぞらえて、真理を産み出す過程を陣痛や分娩などに譬えている箇所がでてくる。

2020年

2020年（第45回「SGIの日」記念提言）

「人類共生の時代へ建設の鼓動」

時代背景——2019年の主な出来事

●異常気象で甚大な被害

アフリカ南部のモザンビークで3月に超大型サイクロンが上陸し、14万人以上が被災、600人以上が犠牲になったのをはじめ、インドではモンスーンによる洪水で300万人が被災し死者数は1900人に上った。9月にはカリブ海のバハマをハリケーンが襲い、約7万人が被災するなど各地で異常気象による甚大な被害が発生した。日本では豪雨災害が5月以降、断続的《だんぞくてき》に発生。全国の水害被害総額は約2兆1800億円で、津波以外での1年間の水害被害額は統計《とうけい》開始以来《いらい》、最大となった。

この提言の全文はこちらから読むことができます

要旨

２０２０年の提言ではまず、異常気象による被害が各地で相次いでいる事態《じたい》に言及しています。困難な状況に陥《おちい》った人々を誰も置き去りにしないための視座として、21世紀の国連に強く求められる役割は「弱者《じゃくしゃ》の側《がわ》に立つ」ことにあると強調。その上で、危機感の共有だけでなく建設的な行動を共に起こす重要性を指摘し、国連のＳＤＧｓ（持続可能《じぞくかのう》な開発目標）の達成期限である２０３０年に向けて、〝気候変動問題に立ち向かう青年行動の10年〟の意義を込めた活動を展開することを呼びかけています。

続いて、ＮＰＴ（核兵器不拡散条約）の再検討会議で、「多国間の核軍縮交渉《こうしょう》の開始」と「ＡＩ（人工知能）などの新技術と核兵器の問題を巡《めぐ》る協議」に関する合意を最終文書に盛り込むことを訴えています。また、国連の「防災グローバル・プラットフォーム会合」を行い、異常気象に伴《ともな》う課題を集中的に討議することを提唱しています。

最後に、紛争や災害の影響で教育の機会を失った子どもたちへの支援を強化するために「教育のための国際連帯税」の創設《そうせつ》を提案しています。

視座1

気候変動は人類の命運《めいうん》を握《にぎ》る根本課題

――問題解決へグローバルな連帯の拡大を

気候変動は、地球上に生きるすべての人々と将来世代への脅威《きょうい》になるという意味で、核兵器の問題と同様に「人類の命運《めいうん》を握《にぎ》る根本課題」であると指摘。問題解決に向けたグローバルな連帯を築けるか否《いな》かに、この「時代を決定づける問題」への取り組みの要諦《ようてい》があると述べるとともに、災害の被害が拡大する中で、社会的に弱い立場に置かれた人々などに強く影響が出ていることから、そうした〝人々が抱《かか》える痛み〟への眼差しを問題解決に向けた連帯の基軸《きじく》に据《す》えるよう呼びかけています。

世界では今、異常気象による深刻な被害が相次いでいます。

昨年(2019年)もヨーロッパやインドが記録的な熱波《ねっぱ》に見舞われたほか、各地で猛《もう》烈《れつ》な台風や集中豪雨《ごうう》による水害が発生し、オーストラリアで起きた大規模《だいきぼ》な森林火災の被害は今も続いています。

グテーレス国連事務総長の呼びかけによる国連気候行動サミットに先立って、世界各地の若者が参加して行われたユース気候サミット。ＳＧＩの代表も参加した（2019年9月、ニューヨークの国連本部）

このまま温暖化が進むとさらに被害が拡大するとの懸念《けねん》が高まる中、昨年（２０１９年）９月に国連で気候行動サミットが行われました。

国連加盟国の３分の１にあたる65カ国が、温室効果ガスの排出量《はいしゅつりょう》を２０５０年までに実質ゼロにするとの方針《ほうしん》を表明しましたが、そうした挑戦を全地球的な規模に広げることが急務《きゅうむ》となっています。

気候変動は、単《たん》なる環境問題にとどまるものではありません。

地球上に生きるすべての人々と将来の世代への脅威《きょうい》という意味で、核兵器の問題と同様に〝人類の命運《めいうん》を握《にぎ》る根本課題〟にほかならないものです。

そして何より、国連のアントニオ・グテーレス事務総長が強調するように、「私たちの時代を決定づける問題」（国連広報センターのウェブサイト）としての重みを持つものといえましょう。

実際、気候変動の影響は貧困《ひんこん》や飢餓《きが》の根絶《こんぜつ》をはじめとする国連のＳＤＧｓの取り組みを土台から崩《くず》しかねないものとなっています。

そこで焦点《しょうてん》となるのは、負《ふ》の連鎖《れんさ》に歯止めをかけることだけではありません。気候変動の問題は、誰もが無縁《むえん》ではないものであるがゆえに、問題の解決を図るための挑戦が、これまでにないグローバルな行動の連帯を生み出す触媒《しょくばい》となる可能性があり、その成否に「私たちの時代を決定づける問題」の要諦《ようてい》があると訴えたいのです。

◇

近年、災害の被害が拡大する中、大半は異常気象によるものとなっています。日本でも昨年（２０１９年）、台風15号や台風19号によって各地が猛烈な暴風雨《ぼうふうう》に見舞われ、大規模な浸水《しんすい》被害や停電と断水による日常生活の寸断《すんだん》が起きましたが、気候変動の影響は先進国か途上国かを問わず広範囲《こうはんい》に及んでいます。

その中で世界的な傾向《けいこう》として懸念されるのは、国連が留意《りゅうい》を促《うなが》しているように、その影響が、貧困に苦しむ人々や社会的に弱い立場にある人々をはじめ、女性や子どもと高齢者に強く出ていることです。

そうした人々にとって、異常気象の被害を避《さ》けることは難しく、生活の立て直しも容易《ようい》ではないだけに、十分な支援を続けることが求められます。

また、気候変動が招く悲劇《ひげき》として深刻なのは、住み慣れた場所からの移動を余儀《よぎ》なくされる人々が増加していることです。

中でも憂慮《ゆうりょ》されるのが、太平洋の島嶼国《とうしょこく》の人々が直面する危機です。海面上昇による土地の水没《すいぼつ》が原因であるために、一時的な避難《ひなん》では終わらず、帰郷《ききょう》できなくなる可能性が高くなるからです。

私が創立した戸田記念国際平和研究所では、この太平洋の島嶼国における気候変動の影響に焦点を当てた研究プロジェクトを、2年前（2018年）から進めてきました。

そこで特に浮《う》き彫《ぼ》りになったのは、島嶼国で暮らす人々にとって「土地とのつながり」には特別な意味があり、その土地の喪失《そうしつ》は自分自身の根源的なアイデンティティーを失うことに等《ひと》しいという点でした。

他の島などに移住して〝物理的な安全〟が確保できたとしても、自分の島で暮らすことで得てきた〝存在論的な安心感〟は失われたままとなってしまう。ゆえに、気候変動の問題を考える際には、こうした抜きがたい痛みが生じていることを十分に踏まえなければならない――というのが、研究プロジェクトの重要なメッセージだったのです。

「土地とのつながり」を失う悲しみは、これまでも地震や津波のように避けることが難しい巨大災害によって、しばしば引き起こされてきたものでした。

それは、家族や知人を突然亡《な》くした辛《つら》さとともに耐《た》えがたいものであり、私も東日本大震災の翌年（2012年）に発表した提言で、その深い悲しみを社会で受け止めることが欠かせないと強調した点でもありました。

「樫《かし》の木を植えて、すぐその葉かげに憩《いこ》おうとしてもそれは無理だ」（『人間の土地』堀口大學訳、『世界文学全集』77所収、講談社）との作家のサン＝テグジュペリの含蓄《がんちく》のある言葉に寄せながら、自分の生きてきた証《あか》しが刻《きざ》まれた場所や、日々の生活の息づかいが染《し》みこんだ家を失うことの心痛《しんつう》は計り知れないものがある、と。

ともすれば気候変動に伴う被害を巡って、数字のデータで表されるような経済的損失《そんしつ》の大きさに目が向けられがちですが、その陰《かげ》で埋《う》もれてきた〝多くの人々が抱える痛み〟への眼差しを、問題解決に向けた連帯の基軸《きじく》に据《す》えることが大切ではないでしょうか。

視座2

世界は「共同生活」の舞台

――牧口初代会長が警鐘《けいしょう》鳴らした「他者を顧《かえり》みぬ競争」の弊害《へいがい》

貿易摩擦《まさつ》などがエスカレートし続ければ、世界を生存競争の場としてしか見ず、自国のためには他国の多少の犠牲《ぎせい》も厭《いと》わないとする風潮が高まりかねないことに警鐘《けいしょう》を鳴らし、初代会長・牧口先生が示した「自己と共に他の生活をも保護し、増進せしめんとする」生き方と、世界を「共同生活の場」と捉《とら》えていく視座の重要性を強調しています。

マクロ的な数値の陰《かげ》で一人一人が直面している窮状《きゅうじょう》が埋《う》もれてしまう構造は、近年、エスカレートする貿易摩擦《まさつ》の問題においても当てはまるのではないかと思います。

自国の経済の回復を図るために、関税の引き上げや輸入制限などを行う政策は、「近隣窮乏化《きゅうぼうか》政策」と呼ばれます。しかし、グローバル化で相互依存が深まる世界において、その応酬《おうしゅう》が続くことは、「自国窮乏化」ともいうべき状態へと、知らず知らずに陥《おちい》ってしまう危険性もあるのではないでしょうか。

実際、貿易摩擦の影響で多くの中小企業が業績悪化に陥ったり、雇用《こよう》調整の圧力が強まって仕事を失う人々も出てきています。

貿易収支のような経済指標《しひょう》の改善は重要な課題だとしても、自国の人々を含《ふく》め、多くの国で弱い立場にある人々に困難をもたらす状況が続くことは、世界中に不安を広げる結果を招くと思えてなりません。

昨年(2019年)の国連総会でグテーレス事務総長も、深刻な脅威《きょうい》に直面する場所を訪れた時に出会った人々——南太平洋で海面上昇のために暮らしが押し流されることを心配する家族や、学校と家に戻ることを夢見る中東の若い難民、アフリカで生活の再建に苦労するエボラ出血熱の生存者などの姿を挙《あ》げながら、次のような警告《けいこく》を発していました。

「極《きわ》めて多くの人々が、踏みつけられ、道をふさがれ、取り残されるのではないかという恐怖を感じています」(国連広報センターのウェブサイト)と。

私も同じ懸念を抱《いだ》いており、グローバルな課題といっても、一人一人の生命と生活と尊厳が脅《おびや》かされている状況にこそ、真っ先に目を向ける必要があると訴えたいのです。

「人生地理学」で提起された問題

気候変動も貿易摩擦も、経済と社会のあり方に深く関わる問題といえますが、この古くて新しい問題について考える時に思い起こされるのは、私ども創価学会の牧口常三郎初代会長が20世紀初頭に著《あらわ》した『人生地理学』で提起していた視点です。

牧口会長は、武力による戦争が「臨時的」に引き起こされるものであるのに対し、経済的競争は「平常的」に行われる特性があると指摘した上で、こう論じていました。

「彼《かれ》（＝武力による戦争）が遽然《きょぜん》として惨劇《さんげき》の演《えん》ぜらるるが故《ゆえ》に意識的に経過するに反して、此《これ》（＝経済的競争）は徐々《じょじょ》として緩慢《かんまん》に行わるるが故に無意識的に経過するにあり」（『牧口常三郎全集』第2巻、第三文明社。注〈＝〉を補い、現代表記に改めた。以下同じ）

牧口会長が強調したかったのは、戦争の残酷《ざんこく》さは明白な形で現れるために多くの人々に意識され、交渉《こうしょう》や仲裁《ちゅうさい》によって被害の拡大を食い止める余地が残されているが、経済的競争はそうではないという点です。

つまり、経済的競争は自然的な淘汰《とうた》に半《なか》ば一任されるような形で無意識的に休むことなく続けられるために、社会における日常的な様相《ようそう》と化してしまう。そのために、人々を苦しめる状況や非人道的な事態が生じても往々《おうおう》にして見過ごされることになる、と。

当時、世界では帝国主義や植民地主義の嵐《あらし》が吹き荒れ、他国の犠牲《ぎせい》の上に自国の繁栄《はんえい》を追い求める風潮《ふうちょう》が広がっていました。

こうした風潮が当たり前のようになってしまえば、〝ある程度の犠牲が生じてもやむを得ない〟とか〝一部で被害が出ても自分たちには関係がない〟といった受け止めが社会に沈殿《ちんでん》することになりかねない。

その結果、弱肉強食的な競争が歯止めなく進む恐れがあり、牧口会長は「終局の惨劇においては却《かえ》って遥《はる》かに烈甚《れつじん》なるにあり」（同）と警鐘《けいしょう》を鳴らしましたが、その危険性は、当時とは比《くら》べものにならないほどグローバル化が進んだ21世紀の世界において、格段に増しているのではないでしょうか。

牧口先生の著書『人生地理学』

もとより牧口会長は、社会の営みにおける競争の価値そのものは否定しておらず、切磋《せっさ》琢磨《たくま》があってこそ新しい活力や創造性は豊かに育《はぐく》まれると考えていました。あくまで問題視したのは、世界を生存競争の場としか見ずに、自分たちだけで生きているかのような感覚で振る舞い続け、その結果に無頓着《むとんちゃく》でいることだったのです。

牧口会長の思想の基盤《きばん》には、世界は「共同生活」の舞台《ぶたい》にほかならないとの認識がありました。

その世界観の核となった実感を、牧口会長は『人生地理学』の緒論《しょろん》で、自らの経験を通して、こう述べています。

——子どもが生まれて母乳が得られなかった時、粗悪《そあく》な脱脂粉乳《だっしふんにゅう》に悩《なや》まされたが、医師の薦《すす》めでスイス産の乳製品にたどりつくことができ、ことなきを得た。スイスのジュラ山《さん》麓《ろく》で働く牧童《ぼくどう》に感謝する思いだった。また、乳児《にゅうじ》が着ている綿着《わたぎ》を見ると、インドで綿花《めんか》栽培《さいばい》のために炎天下《えんてんか》で働く人の姿が思い浮かぶ。

平凡な一人の乳児も、その命は生まれた時から世界につながっていたのだ——と。（趣意。同全集第1巻）

出会ったこともない世界の人々への尽きせぬ感謝の思いが示すように、牧口会長は「共同生活」という言葉を世界のあるべき姿としてではなく、見落とされがちな世界の現実（実相）として位置付けていました。

世界は本来、多くの人々の営みが重なり合い、影響を与え合う中で成り立っているにもかかわらず、その実相が見失われる形で競争が続けられることになれば、深刻な脅威や社会で生じた歪《ひず》みの中で苦しんでいる人々の存在が目に映《うつ》らなくなってしまう。

だからこそ、「共同生活」を意識的に行うことが重要となるのであり、「自己と共に他の生活をも保護し、増進せしめんとする」（同全集第2巻）生き方を社会の基調《きちょう》にする必要があるというのが、牧口会長の主張の眼目だったのです。

視座3
「未来は、今この時から生まれる」
——グリーンベルト運動を支えた信念

気候危機の打開に向けては、危機感の共有に加えて、建設的な行動を人々が共に起こしていくことが重要であると強調。ケニアの環境運動家ワンガリ・マータイ博士のもとで7本の植樹から始まった「グリーンベルト運動」に息づく〝建設の挑戦を進める喜び〟に言及しています。

以前（2005年2月）、ケニアの環境運動家のワンガリ・マータイ博士と、自分の足元から新しい世界の建設に向けた希望を灯《とも》す挑戦について語り合ったことがあります。

たった7本の苗木の植樹から始まった「グリーンベルト運動」の思い出を振り返りながら、博士はこう述べていました。

「未来は未来にあるのではない。今、この時からしか、未来は生まれないのです。将来、何かを成《な》し遂《と》げたいなら、今、やらなければならないのです」と。

マータイ博士が春風《はるかぜ》のような笑顔《えがお》をひときわ輝かせたのは、創価大学の学生たちが「グリーンベルト運動」の愛唱歌を博士の故郷《こきょう》のキクユ語で歌って歓迎《かんげい》した時でした。

「ここは私たちの大地
　私たちの役割は
　ここに木を植えること」

歌声に合わせて全身でリズムをとり、一緒に口ずさむ博士の姿を前にして、植樹運動がケニアからアフリカの国々に広がる原動力となった〝建設の挑戦を進める喜び〟がここにあると、感じられてなりませんでした。

思い返せば、博士と対談したのは、温室効果ガス削減《さくげん》の最初の枠組《わくぐ》みとなった「京都議定書」の発効《はっこう》から2日後のことでした。

「京都議定書」の発効のような、歴史の年表に刻《きざ》まれる出来事に比《くら》べると、マータイ博士がケニアで最初に始めた行動は目立たないものだったかもしれない。

しかし、博士が自分の足元で灯した希望の光は、歳月《さいげつ》を経《へ》るごとに共感の輪を広げて、国連環境計画のキャンペーンなどの多くの植樹運動につながり、博士の逝去後《せいきょご》も続けられる中で、現在（2020年）まで150億本にものぼる植樹が世界で進められてきました。

また、昨年（2019年）の国連の気候行動サミットでも、パキスタンやグアテマラなど多くの国が、合計で110億本以上の植樹を今後進めることを誓約《せいやく》したのです。

今も忘れ得ぬマータイ博士の言葉があります。

「私たちは、自らの小さな行いが、物事を良い方向に変えていることを知っています。もしこの行いを何百万倍にも拡大することができたなら、私たちは世界を良くすることができるのです」

〝建設の挑戦を進める喜び〟がどれだけの力を生み出すのかを、実感をもって訴えかける言葉ではないでしょうか。

SGIの「希望の種子」展では、このマータイ博士をはじめ、大気汚染《おせん》の防止に取り組んだ未来学者のヘイゼル・ヘンダーソン博士など、自分の足元から行動の輪を広げた人々の挑戦を紹介してきました。

マータイ博士が行動を始めたきっかけは、故郷のシンボルとして大切に感じていたイチジクの木が経済開発のあおりで伐採《ばっさい》されたのを知ったことでした。

また、ヘンダーソン博士が立ち上がった理由は、ニューヨークで深刻化していた大気汚染のために、幼い娘さんの肌《はだ》がすすで汚《よご》れるようになったことでした。

いずれも、その原点には心に受けた強い痛みがあった。だからこそ博士たちは、「世界で欠けていてはならない大切なもの」が何かを、身に染みて感じたのだと思います。

二人は、その痛みを痛みのままで終わらせなかった。マータイ博士が〃木々を植えることは貧困《ひんこん》と飢《う》えのサイクルを断ち切り、平和を育む〃との思いを胸に植樹運動を広げ、ヘンダーソン博士が〃きれいな空気を子どもたちのために取り戻したい〃と願い、仲間と力を合わせて行動を起こしたように、自分たちが望む世界を現実にするための「建設」のエネルギーへと昇華《しょうか》させていったのです。

視座 4

見過ごされがちなレジリエンスの要《かなめ》

——〝昼間の星々〟の譬《たと》え

地震や異常気象などには、インフラの整備などハード面での災害対策だけでなく、普段の生活の中で「共に生きる」という人々のつながりを幾重《いくえ》にも育む土壌《どじょう》なくして、防災と復興を支えるレジリエンス（困難を乗り超える力）の強化を図ることはできないと言及。ジェンダー平等はもとより、障がい者をはじめ、日常生活の中で置き去りにされがちな人々の存在を、地域社会におけるレジリエンスの同心円の中核に据《す》えていくことも、強く求められると訴えています。

国連防災機関では、各国の政府代表や市民社会の代表などが参加する「防災グローバル・プラットフォーム会合（防災GP会合）」を、２００７年から開催してきました。

２年ごとに会合を重ねる中で、２０１５年には仙台で行われた第3回「国連防災世界会議」をもってその開催に代えられたほか、昨年（２０１９年）５月にスイスのジュネーブで会合が行われた際には、182カ国から4000人が参加して討議《とうぎ》が進められました。

◇

男女平等と社会的包摂《ほうせつ》の促進《そくしん》を掲《かか》げた昨年（2019年）のジュネーブでの会合では、登壇者《とうだんしゃ》の半数と参加者の4割を女性が占《し》めたほか、120人以上の障がいのある人が参加しました。

SDGsのアドボケート（推進者）の一人で、会合に出席した南アフリカ共和国のエドワード・ンドプ氏は、災害時の社会的包摂への思いをこう述べました。

「障がい者は世界人口の15%を占める最大のマイノリティー（社会的な少数派）ですが、一貫して存在が忘れられてきました」

「（災害時に）障がい者を物理的に置き去りにしてしまう行為と、日常生活において排除《はいじょ》が障がい者にもたらす極《きわ》めて現実的な影響とは、つながりがあるのです」と。

脊髄性筋萎縮症《せきずいせいきんいしゅくしょう》を2歳の頃から患《わずら》ってきたンドプ氏は、災害が起きた時に最も危険にさらされる人々に対する「社会的な態度の再構築」が必要となると訴えていたのです。

私は、防災と復興を支えるレジリエンスの強化といっても、この一点を外してはならないと思います。

気候変動対策の国連の会議「ＣＯＰ28（国連気候変動枠組条約第28回締約国会議）」で行われた各国の青年による対話行事でＳＧＩの代表が登壇（2023年12月、アラブ首長国連邦・ドバイ）

普段の生活の中で「共に生きる」というつながりを幾重《いくえ》にも育む土壌《どじょう》があってこそ、災害発生時から復興への歩みに至《いた》るまで、多くの人々の生命と尊厳を守る力を生み出し続けることができるからです。

また、ジュネーブ会合での災害とジェンダーを巡《めぐ》る討議でも、〝目に映らない存在にされてきた人々〟を〝目に見える存在〟にすることが大切になるとの指摘がありました。

日常生活において女性が置かれている状況は、社会的な慣習や差別意識などによって当たり前のように見なされることが多いために、本当に助けが必要な時に置き去りにされる恐れが強いことが懸念《けねん》されます。

例《たと》えば、異常気象の影響で避難《ひなん》が必要になった時、女性は家を出るのが最後になることが多いといわれます。男性が離《はな》れた場所で働いている場合には、子どもたちや高齢者や病気の家族の世話をする必要があるため、家を出るのが遅《おく》れがちになるからです。

しかしその一方で、災害が起きた時に、地域で多くの人々を支える大きな力となってきたのは女性たちにほかなりませんでした。

女性の声がレジリエンスの生命線

この点に関し、UNウィメン（国連女性機関）も、次のように留意《りゅうい》を促《うなが》しています。

被災直後から発揮《はっき》されるリーダーシップや、地域でのレジリエンスの構築に果たす中心的役割など、防災における女性たちの実質的な貢献《こうけん》とともに、潜在的《せんざいてき》な貢献は、大きな可能性を持つ社会資産《しさん》であるにもかかわらず、あまり注目されてこなかった――と。

明らかに存在するのに見過ごされがちになるという構造的な問題について考える時、私は大乗仏教の経典に出てくる〝昼間の星々〟の譬《たと》えを思い起こします。

天空には常に多くの星々が存在し、それぞれが輝きを放っているはずなのに、昼間は太陽の光があるために、星々の存在に意識が向かなくなることを示唆《しさ》したものです。

日常生活においても災害時においても、地域での支え合いや助け合いの要《かなめ》の存在となってきたのは、女性たちであります。

地震などの災害に加えて、異常気象への対応策を考える上でも、あらゆる段階で女性の声を反映させることが、地域のレジリエンスの生命線になるのではないでしょうか。

本年（2020年）は、ジェンダー平等の指針を明確に打ち出した第4回世界女性会議の「北京行動綱領《こうりょう》」が採択《さいたく》されて25周年にあたります。

そこには、こう記されています。

「女性の地位向上《こうじょう》及び女性と男性の平等の達成は、人権の問題であり、社会正義のための条件であって、女性の問題として切り離して見るべきではない。それは、持続可能《じぞくかのう》で公正な、開発された社会を築くための唯一《ゆいいつ》の道である」と。

このジェンダー平等の精神は、防災においても絶対に欠かせないものです。

その意味から言えば、災害にしても、気候変動に伴う異常気象にしても、インフラ整備などのハード面での防災だけでは、レジリエンスの強化を図ることはできない。

ジェンダー平等はもとより、日常生活の中で置き去りにされがちであった人々の存在を、地域社会におけるレジリエンスの同心円の中核に据《す》えていくことが、強く求められると訴えたいのです。

メモ6 原水爆禁止宣言で極刑を訴えた理由

戸田先生は1957年に、青年への〝遺訓の第一〟として発表した「原水爆禁止宣言」で、「核あるいは原子爆弾の実験禁止運動が、今、世界に起こっているが、私はその奥《おく》に隠《かく》されているところの爪《つめ》をもぎ取りたいと思う」と述べ、世界の民衆の生存の権利を守るために、「もし原水爆を、いずこの国であろうと、それが勝っても負けても、それを使用したものは、ことごとく死刑にすべきである」と訴えた。

仏法者として死刑反対を主張していた戸田先生が、あえて極刑を求めるかのような言葉を用《もち》いた理由について、池田先生は2013年の提言で「民衆の生存権を人質にしてまで国家の安全を図ろうとする核保有の論理に明確な楔《くさび》を打つため」であり、「当時、東西の陣営に分かれて、相手側の核保有ばかりを問題視する主張の応酬《おうしゅう》が続く中で、イデオロギーや国家の利害にとらわれることなく、戸田会長は『世界の民衆』の名において核兵器を現代文明の〝一凶《いっきょう》〟として断罪し、その廃絶《はいぜつ》を呼びかけたのです」と述べている。

核兵器を従来の兵器の延長線上に置いて、状況に応じて使用も可能な〝必要悪〟と考える余地を一切与えてはならず、〝絶対悪〟の存在であると強調する——。ここに宣言の主眼があったといえよう。

2021年

2021年（第46回「SGIの日」記念提言）

「危機の時代に価値創造の光を」

時代背景――２０２０年の主な出来事

●新型コロナウイルス感染症が世界的流行

２０１９年の末から、新型コロナウイルスの感染《かんせん》が世界的に広がり、２０２１年１月末の時点で世界の感染者数は約１億２３２万人、死者約２２１万人に上った。世界保健機関（ＷＨＯ）は3月にパンデミック（世界的大流行）を宣言。各国でロックダウン（都市封鎖《ふうさ》）や外出制限などの措置《そち》がとられる中で、人やモノの流れが収縮した。テレワークやオンライン授業などが普及した一方、外出が制限される中で女性や女児への暴力が急増する事態がみられた。また、医療従事者《じゅうじしゃ》やエッセンシャルワーカーの奮闘《ふんとう》に感謝の声が広がった。

この提言の全文はこちらから読むことができます

要旨

２０２１年の提言ではまず、深刻化する気候変動の問題に加え、新型コロナウイルスの感染拡大とそれに伴《ともな》う社会的・経済的な混乱に直面している状況に言及しています。社会の表面から埋没《まいぼつ》しがちになっている「さまざまな困難を抱《かか》えた人たち」の存在に目を向け、苦しみを取り除くことの大切さを強調した上で、各国が「連帯して危機を乗り越える意識」に立つ重要性を訴えるとともに、感染者への差別や新型コロナを巡《めぐ》るデマの拡散を防ぐ努力を重ねながら、誰も蔑《ないがし》ろにしない「人権文化」の建設を呼びかけています。

続いて、新型コロナ対策の連携強化の基盤《きばん》となり、新たな感染症の脅威にも対応できるような「パンデミックに関する国際指針《ししん》」を採択《さいたく》することを提案しています。また、核兵器禁止条約の締約国《ていやくこく》会合に日本が参加し、唯一《ゆいいつ》の戦争被爆国として議論を建設的な方向に導《みちび》く貢献《こうけん》を果たすよう求めています。

最後に、コロナ危機からの経済と生活の再建に向け、社会的保護《ほご》の拡充を柱としながら、「誰もが安心して暮《く》らすことのできる社会」を各国が協力して築くための方途について論じています。

視座 1

統計的な数字の奥にある「命の重み」を見失わない

――〝危機の日常化〟の中で

新型コロナウイルス感染症のパンデミックが宣言されて以来、犠牲者《ぎせいしゃ》が200万人(2021年1月時点)を超えて危機が〝日常化〟する中で、リスク対策とともに社会の表面から埋没《まいぼつ》しがちな「さまざまな困難を抱えた人たち」の存在に目を向け、その苦しさや生きづらさを取り除くことを、社会を立て直す際の急所としていくよう呼びかけています。

私たちは今、これまで人類が経験したことがない切迫《せっぱく》した危機に直面しています。異常気象の増加にみられるような、年々悪化の一途《いっと》をたどる気候変動の問題に加えて、新型コロナウイルス感染症《かんせんしょう》のパンデミック(世界的な大流行)が襲《おそ》いかかり、それに伴《ともな》う社会的・経済的な混乱《こんらん》も続いています。

未曽有《みぞう》であるというのは、危機が折り重なっていることだけに由来《ゆらい》するのではありません。長い歴史の中で人類はさまざまな危機に遭《あ》ってきましたが、世界中がこれだけ一斉《いっせい》に打撃を受け、あらゆる国の人々が生命と尊厳《そんげん》と生活を急激に脅《おびや》かされ、切実に助けを必要とする状態に陥《おちい》ることはなかったからです。

わずか1年余の間に、新型コロナの感染者数は世界で9900万人を超《こ》えました。亡《な》くなった人々も212万人に達し（2021年1月25日現在）、その数は過去20年間に起きた大規模な自然災害の犠牲者の総数をはるかに上回っています。

大切な存在を予期せぬ形で失った人たちの悲しみがどれだけ深いものか、計り知れません。とりわけ胸が痛むのは、感染防止のために最後の時間を共に過ごすこともかなわなかった家族が少なくないことです。

この行き場のない喪失感《そうしつかん》がいたる所で広がっている上に、経済活動の寸断《すんだん》で倒産《とうさん》や失業が急増し、数えきれないほどの人が突然の困窮《こんきゅう》にさらされる事態が生じています。

◇

昨年（2020年）の3月11日に世界保健機関（WHO）が新型コロナのパンデミックを宣言して以来、毎日のニュースで感染者や亡くなった人たちの数が報《ほう》じられるようになりました。

いまだ感染拡大の勢《いきお》いは止まらず、収束《しゅうそく》の見通しは立っていませんが、連日、更新《こうしん》されている数字の意味を見つめ直すために、今一度、思い起こしたい言葉があります。

パンデミック宣言の1週間後に、ドイツのアンゲラ・メルケル首相がコロナ危機を巡《めぐ》る演説で語った次の一節です。

「これは、単なる抽象的《ちゅうしょうてき》な統計数値《とうけいすうち》で済《す》む話ではありません。ある人の父親であったり、祖父、母親、祖母、あるいはパートナーであったりする、実際の人間が関わってくる話なのです。そして私たちの社会は、一つひとつの命、一人ひとりの人間が重みを持つ共同体なのです」（駐日ドイツ連邦共和国大使館・総領事館のウェブサイト）

もとより、こうした眼差しを失わないことの大切さは、巨大災害が起こるたびに、警《けい》鐘《しょう》が鳴らされてきた点でもありました。

しかし、今回のパンデミックのように、世界中の国々が脅威にさらされる状態が長引き、〝危機の日常化〟ともいうべき現象が広がる中で、その緊要性《きんようせい》がいっそう増していると思えてなりません。

私どもＳＧＩでも、感染防止の取り組みを徹底《てってい》するとともに、日々の祈りの中でコロナ危機の早期の収束を強く念じ、亡くなった人々への追善《ついぜん》の祈りを重ねてきました。

また、私が創立したブラジルＳＧＩの「創価研究所——アマゾン環境研究センター」では、新型コロナで亡くなった人々への追悼《ついとう》の意を込めて植樹を行う「ライフ・メモリアル・プロジェクト」を昨年（2020年）9月から進めています。

一本一本の植樹を通して、これまでブラジルの大地で共に生きてきた人々の思いと命の重みをかみしめ、その記憶《きおく》をとどめながら、アマゾンの森林再生と環境保護《ほご》にも寄与《きよ》することを目指す取り組みです。

亡くなった人々を共に悼《いた》み、その思いを受け継《つ》いで生きていくことは、人間社会を支える根本的な基盤となってきたものでした。

感染拡大が続く中で、故人を共に追悼する場を得ることが難しくなっている今、統計的な数字の奥にある「一つひとつの命」の重みを見失わないことが、ますます大切になっていると痛切《つうせつ》に感じられてならないのです。

新型コロナウイルス感染症で亡くなった人々への追悼の意を込めてブラジルSGIの「創価研究所——アマゾン環境研究センター」が実施した「ライフ・メモリアル・プロジェクト」（2020年9月、ブラジル・マナウス市内）

社会の表面から埋没する窮状

この点に加えて、〝危機の日常化〟に伴って懸念《けねん》されるのは、各自の努力で身を守ることが求められ、社会の重心がその一点に傾《かたむ》いていく中で、弱い立場にある人々の窮状《きゅうじょう》が見過ごされがちになる恐れについてです。

パンデミックに立ち向かうために、各国では医療体制の支援を最重要課題に掲《かか》げるとともに、「ニューノーマル（新しい日常）」が呼びかけられる中、社会を挙《あ》げて取り組むべき対策が模索《もさく》されてきました。

直接的な接触《せっしょく》を避《さ》けるために一定の距離《きょり》を確保《かくほ》する「ソーシャル・ディスタンス」をはじめ、在宅での仕事の推奨《すいしょう》とオンライン授業の導入《どうにゅう》などによる「リモート化」や、不要不急の外出を控《ひか》える「ステイホーム」の推進などに代表されるものです。

この呼びかけを通し、急激な感染拡大を抑《おさ》え、医療現場の逼迫《ひっぱく》を防ぐための取り組みが広がってきた意義は大きいと思います。

なかでも、感染防止策の呼びかけに対して、積極的に工夫や改善を試《こころ》みる人が増えてきたことは、単なるリスク対策の域《いき》を超える可能性を秘《ひ》めたものでもあったのではないかと、私は感じています。

その行為《こうい》は、まずもって大切な家族や身近な人々を守ることに直結していますが、同時にそれは、同じ社会に生きる〝見知らぬ大勢の人たちを守るための気遣《きづか》い〟を積み重ねる行為にもなってきたと思えるからです。

しかし一方で、コロナ危機が始まる以前から弱い立場に置かれてきた人や、格差や差別に苦しみながらも、〝社会的なつながり〟によって支えられてきた人たちの生活や尊厳《そんげん》に、深刻な影響が生じている側面にも目を向ける必要があるのではないでしょうか。

例《たと》えば、「ソーシャル・ディスタンス」が重要といっても、日常的な介助を必要とする人たちにとって、周囲《しゅうい》のサポートが普段よりも制限されることになれば、毎日の生活に重大な支障《ししょう》が出ることになります。

それは、自分を支えてくれる人たちとの大切な時間を失い、〝尊厳ある生〟を築く土台が損《そこ》なわれることも意味します。

また、仕事や教育から買い物にいたるまで、オンラインによる「リモート化」が急速に進んできたものの、経済的な理由などでインターネットに接続《せつぞく》する環境を持つことが困難な人や、オンラインの活用に不慣れな人たちが取り残されていく状況も課題となっています。

加えて、外出制限による「ステイホーム」が長引く中で、家庭内暴力（DV）に苦しむ女性たちが急増したことが報告されています。

なかには、暴力をふるう相手が家にいる時間が長くなったために、行政や支援団体に連絡をとって相談する道まで塞《ふさ》がれている女性も少なくないとみられているのです。

ゆえに大切になるのは、感染防止策に取り組む中で社会に広がってきた〝見知らぬ大勢の人たちを守るための気遣い〟を基盤としながら、コロナ危機が日常化する中で、社会の表面から埋没《まいぼつ》しがちになっている「さまざまな困難を抱《かか》えた人たち」の存在に目を向け、その苦しみと生きづらさを取り除くことを、社会を立て直すための急所として位置付けていくことではないでしょうか。

WHOでも、社会的な距離を意味する「ソーシャル・ディスタンス」ではなく、物理的・身体的な距離を意味する「フィジカル・ディスタンス」を用《もち》いることを勧《すす》めています。「ソーシャル・ディスタンス」という表現では、人と人とのつながりを制限しなければならないとの誤解を広げてしまい、社会的な孤立《こりつ》や分離《ぶんり》を固定しかねないからです。

社会全体が先の見えない長いトンネルに入る中で、他の人々の置かれている状況が見えにくくなっているとしても、同じ社会を生きているという〝方向感覚〟だけは決して失ってはならないと、私は訴えたいのです。

視座2

「冬は必ず春となる」

――災禍の中で励ましを送り続けた日蓮大聖人

天災が相次いだ13世紀の日本にあって、日蓮大聖人が「立正安国論」で〝民衆の苦悩と嘆《なげ》きを取り除く〟という一点に立って行動する重要性を訴え、度重《たびかさ》なる権力の迫害《はくがい》に遭《あ》う中でも人々に励ましを送り続けたことに言及。時代や状況は異なるものの、コロナ禍により〝やりきれない思い〟を抱えている人々に寄り添い、励まし合いながら、世の中から悲惨《ひさん》をなくすために力を合わせていく行動の連帯を築いていく必要があると述べています。

釈尊の教えの精髄《せいずい》である法華経を礎《いしずえ》にして、13世紀の日本で仏法を説き広めた日蓮大聖人は、釈尊の言葉が及ぼした力について、「燈《ともしび》に油をそへ老人に杖《つえ》をあたへたるがごとく」（全576・新730）と表現していました。

つまり、何か超人的な力をもって人々を救済《きゅうさい》したのではなく、釈尊は、相手の内面に本来具《そな》わる力を引き出す支えとなるような言葉を語ることに専心《せんしん》していたのです。

災害や飢饉《ききん》に加えて疫病《えきびょう》の蔓延《まんえん》が相次いでいた当時の日本で、「立正安国論」を著《あらわ》し、〝民衆の苦悩と嘆《なげ》きを取り除く〟という一点に立って行動する重要性を訴えた大聖人の仏法にも、その精神は力強く脈打っていました。

度重《たびかさ》なる災禍《さいか》によって、人々がどれだけ塗炭《とたん》の苦しみにさいなまれていたのか――。大聖人は、その様子をこう記しています。

「三災《さんさい》・七難《しちなん》・数十年起《おこ》りて民《たみ》半分に減《げん》じ残りは或《あるい》は父母・或は兄弟・或は妻子《さいし》にわかれて歎《なげ》く声・秋の虫にことならず、家家《いえいえ》のち（散）りうする事《こと》冬の草木の雪にせめられたるに似《に》たり」（全1409・新2108）

こうした時代にあって、大聖人は混迷《こんめい》を深める社会に希望を灯《とも》すべく、災禍や苦難に見舞われた人々を励まし続けたのです。

信念の行動を貫《つらぬ》く中で流罪《るざい》などの迫害に何度も遭ってきた大聖人は、物理的な距離で遠く隔《へだ》てられた弟子たちを何とか勇気づけたいとの思いで、手紙を認《したた》めることもしばしばでした。

ある時は、夫を亡《な》くした一人の女性門下に、次のような手紙を送っています。

――亡くなられたご主人には、病気の子もおり、愛娘《まなむすめ》もいた。「私が子どもを残し、この世を去ったら、老《お》いた妻が一人残って、子どもたちのことをどれほど不憫《ふびん》に思うだろうか」と嘆《なげ》かれたに違いない、と（全1253・新1695、趣意）。

その上で、「冬は必ず春となる」（全1253・新1696）との言葉を綴《つづ》られた。そこには、女性門下を全魂《ぜんこん》で励まそうとする、次のような万感の思いが込められていたのではないかと拝されるのです。

今は、厳しい〝冬〟の寒さに覆《おお》われているような、辛《つら》い思いをされているに違いありません。しかし、〝冬〟はいつまでも続くことはない。必ず〝春〟となるのです。どうか心を強く持って、生き抜いてください――と。

そしてまた、「幼いお子さんたちのことは、私も見守っていきますから」との言葉を添えて、夫の逝去《せいきょ》によって人生の時間が〝冬〟のままで止まりかけていた女性門下の胸中《きょうちゅう》に、温かな〝春〟の光を届《とど》けたのです。

この女性門下への言葉のように、大聖人は手紙に認めた一つ一つの文字に、自らの〝心〟を託《たく》された。そして手紙が読まれた時に、その言葉は物理的な距離《きょり》を超えて大聖人の〝心〟を浮《う》かび上がらせ、相手の胸に刻《きざ》まれたのでした。

宗教が担うべき社会的な使命

大聖人の時代とは状況が異なりますが、今回のパンデミックによる混乱が広がる中で、多くの人たちが痛切《つうせつ》に感じたのは、「自分の人生が急停止してしまった」「生活の基盤が突然、絶《た》たれてしまった」「まったく未来が見えなくなってしまった」といった、やりきれない思いだったのではないでしょうか。

こうした時に、社会的な支援や周囲からの手助けを得られず、苦しみを独《ひと》りで耐《た》えるほかない状態が続く限り、その人の世界は暗転したままとなりかねない。

しかし誰かがその状態に気づいて寄り添った時、困難を抱えた人も、自らの苦境《くきょう》を照らす温かな光が周囲や社会から届けられることを通じて、かけがえのない人生と尊厳を取り戻《もど》す力を得ることができるのではないかと思うのです。

私どもＳＧＩが大聖人の精神を受け継ぎ、世界１９２カ国・地域で広げてきた信仰実践《じっせん》と社会的活動の立脚点《りっきゃくてん》も、〝孤立《こりつ》したままで困難を深めている人々を置き去りにしない〟との信念にありました。

その信念は、私の師である戸田第2代会長の「世界にも、国家にも、個人にも、『悲惨』という文字が使われないようにありたい」（『戸田城聖全集』第3巻）との言葉に凝縮《ぎょうしゅく》された形で表れています。

ここで強調したいのは、世界と国家と個人という、すべての面において、戸田会長の眼差しが「悲惨」を取り除くという一点に貫かれていることです。

世界に生じているどんな歪《ゆが》みであろうと、どの国が直面する困難であろうと、どのような人々の身に起きている苦境であろうと、人間と人間とを隔《へだ》てるあらゆる垣根《かきね》を越えて、「悲惨」を取り除くために共に力を合わせて行動する——。

これまでSGIが、グローバルな諸課題の解決を求めて、志《こころざし》を同じくする多くのNGO（非政府組織）をはじめ、さまざまな宗教を背景とするFBO（信仰を基盤とした団体）と連携《れんけい》を深めてきたのも、この精神に根差してのものにほかならないのです。

ある意味で、人類の歴史は脅威の連続であり、これからも何らかの脅威が次々と現れることは避《さ》けられないかもしれません。

だからこそ肝要《かんよう》となるのは、どんな脅威や深刻な課題が生じようとも、その影響によって困難を抱えている人々を置き去りにせず、「悲惨」の二字をなくすための基盤を社会で築き上げていくことだと思います。

なかでも現在のコロナ危機で物理的・身体的な距離の確保が求められ、他の人々の置かれている状況が見えにくくなる中で、同じ社会で生きる人間としての〝方向感覚〟を失わない努力を後押しする役割を、宗教やＦＢＯが積極的に担《にな》うことが求められていると、感じられてなりません。

パンデミックが世界に及ぼした打撃《だげき》は極めて深刻で、脱出《だっしゅつ》の方法が容易《ようい》に見いだせない迷宮《めいきゅう》のような様相《ようそう》を呈《てい》しています。しかし、一人一人を窮状から救い出すアリアドネの糸※は、それぞれの命の重みをかみしめ、その命を守るために何が切実に必要とされているのかを見いだすことから浮かび上がってくるのではないでしょうか。

視座3 「どれだけの命を共に救うか」を足場にした連帯
――ワクチン開発における冷戦下の米ソ協力

コロナ危機克服《こくふく》に向けた道筋を示す羅針盤《らしんばん》になるものとして、東西冷戦下のアメリカとソ連が、敵対関係にありながらポリオの感染拡大を防ぐためにワクチン開発で協力した史実を紹介。新型コロナウイルス感染症のパンデミックに立ち向かうグローバルな連帯を形づくる上で、「どれだけの命を共に救っていくのか」というプラスの面に着目《ちゃくもく》し、そこに足場を築いていくことが重要であると訴えています。

コロナ危機の克服《こくふく》という〝海図なき航海《こうかい》〟において、羅針盤《らしんばん》となるものを、どのようにして探《さぐ》っていけばよいのか――。

かつて私が対談した歴史家のアーノルド・J・トインビー博士は、こう述べていました。

「私たちが手にできる未来を照らすための唯一《ゆいいつ》の光は、これまでに経験してきたことの中にある」と。

そこで私が振り返りたいのは、かつて冷戦対立が激化する最中《さなか》にあって、ポリオの感染拡大を防ぐためのワクチン開発で、アメリカとソ連が歩み寄って協力した史実です。

それまでポリオを予防する方法として「不活化《ふかっか》ワクチン」が主《おも》に利用されていましたが、接種《せっしゅ》方法が注射《ちゅうしゃ》に限られていた点に加えて、高価であるという問題点がありました。この課題を解消《かいしょう》するべく、経口摂取《けいこうせっしゅ》が可能な「生ワクチン」の開発がアメリカで始められたものの、すでに「不活化ワクチン」の接種が進んでいたために、新しいワクチンの被験者になれる人が、それほどいませんでした。

一方のソ連では、当初、自国の子どもたちにも関わる問題とはいえ、敵対関係にあるアメリカとの協力には消極的でした。しかしソ連が、感染者の増加を憂慮《ゆうりょ》して歩み寄りを模索《もさく》するようになり、アメリカもソ連との協力の必要性を認識した結果、１９５９年以降《いこう》、ソ連とその周辺国で大規模な治験《ちけん》が行われる中で、ついに「生ワクチン」が実用化にいたったのです。

当時、この「生ワクチン」によって、日本の多くの子どもたちが救われた出来事は、私自身、鮮烈《せんれつ》な記憶として残っています。

ポリオが日本で大流行したのは、１９６０年のことでした。

その翌年も再び感染が広がり、連日のニュースで患者数が報《ほう》じられる中で、ワクチンの投与を求める声が母親たちを中心に強まりました。その時、カナダから輸入《ゆにゅう》された300万人分に加えて、ソ連から1000万人分もの「生ワクチン」の提供が受けられたことで、流行は急速に沈静化《ちんせいか》していったのです。

米ソ両国の協力の結晶《けっしょう》ともいうべき「生ワクチン」の投与《とうよ》が、日本でも実現し、幼い子どもを持つ母親たちの間で安堵《あんど》の表情が広がっていった光景《こうけい》は、60年の歳月《さいげつ》が経《た》った今でも忘《わす》れることはできません。

◇

思うに、新型コロナのパンデミックに立ち向かうグローバルな連帯を形作る上でも重要になってくるのは、「どれだけの命を共に救っていくのか」という〝プラス〟の面に着目《ちゃくもく》し、そこに足場を築くことではないでしょうか。

感染者数の増加といった〝マイナス〟の面だけに目が向くと、他の国々との連携《れんけい》よりも、自国防衛的《ぼうえいてき》な発想に傾《かたむ》きがちになってしまうかもしれません。そうではなく、「どの国の人であろうと感染の脅威から救うことが、自国の人々の命を守ることにもつながる」との意識に立つことが欠かせないと思うのです。

視座4

誰も蔑《ないがし》ろにしない人権文化の建設

――〝生きづらさ〟を社会変革の糧《かて》に

誰もが感染の恐れがあるという点で、パンデミックは「共に乗り越えていく課題」であるはずが、警戒心《けいかいしん》がエスカレートし、感染症に苦しむ人々などを差別したり、特定の集団を貶《おとし》めることで社会に分断《ぶんだん》が生まれかねない状況があると指摘。他者もまた〝生きづらさ〟を抱《かか》えていることに目を向け、コロナ禍《か》を厳しい社会状況を変えるための〝建設的な行動〟の輪を広げる契機《けいき》とするよう強調しています。

今回のパンデミックを機《き》に、改めて読まれるようになった文学作品の一つに、ダニエル・デフォーの『ペスト』があります。

17世紀のロンドンを舞台《ぶたい》にしたこの作品では、ペストの恐怖にかられた市民がデマに惑《まど》わされ、不安を煽《あお》る言葉に影響されて我《われ》を失っていく姿が描かれていますが、古くはペストから近年のエイズにいたるまで、感染症に苦しむ人を差別したり、パニックによる分断《ぶんだん》や混乱で社会に深い傷痕《きずあと》を残したりするような歴史が繰り返されてきました。

がんや心臓病などの疾患《しっかん》に対する、「自分もいつか発症《はっしょう》するのではないか」といった心配とは違って、感染症の場合は、「誰かにうつされるかもしれない」との不安が募《つの》るために、病原体への恐怖心がそのまま〝他者への警戒心《けいかいしん》〟に転じやすいといわれます。

問題なのは、その警戒心がエスカレートして、感染症に苦しむ人や家族をさらなる窮地《きゅうち》に追い込むような事態を招いたり、以前から根強い差別や偏見《へんけん》にさらされてきた人々に対して、感染拡大の責任を転嫁《てんか》したりするような空気が社会で強まることです。

特に現代においては、感染症に関する誤《あやま》った情報やデマが、SNS(ソーシャル・ネットワーキング・サービス)などを通じて一気に拡散する状況があることが懸念されます。

その背景には、感染防止の対策が次々と変わることや、感染拡大が生活に及ぼす影響が深刻であるために、多くの人が情報を求めて、新聞などのメディアだけに向かうのではなく、ネット空間にあふれる真偽《しんぎ》不明の情報や出所不明の発信に触《ふ》れて、〝情報の空白〟を埋《う》めようとする動きがあるといわれます。

その中には、人々の不安につけこむ形で社会を扇動《せんどう》しようとしたり、特定の人々を槍玉《やりだま》に挙《あ》げて憎悪《ぞうお》の感情を向けさせようとしたりする、悪意に満《み》ちた言説も少なくありません。

コロナ危機が深刻化し、多くの人々が「生きづらさ」を感じるようになる中で、差別や憎悪を煽《あお》る言説に影響を受け、そこに憤懣《ふんまん》のはけ口を求めていく危険性が高まっている点が懸念《けねん》されるのです。

◇

建設的な行動を生み出すカギ

暮らしている地域や職業の違い、人種や宗教の違いなど、あらゆる差異《さい》に関係なく誰もが感染する恐れがある病気であり、共に乗り越えるべき課題であるはずなのに、かえって社会の分断《ぶんだん》が広がり、脅威を加速させてしまう背景には何があるのか――。

この問題を考える上で、差別を巡《めぐ》る示唆的《しさてき》な分析《ぶんせき》として私が触れたいのは、アメリカの哲学者のマーサ・ヌスバウム博士が、社会と嫌悪感《けんおかん》の関係を論じた著書『感情と法』（河野哲也監訳、慶應義塾大学出版会）で述べていた言葉です。

博士は、人々が社会で境界線をつくり出そうとするのは他者への「嫌悪感」に根差しており、境界線を設《もう》けることで、自分たちが「安堵《あんど》」を得たいと考えるからであるとして、こう問題提起しています。

「私たちは救済を求めて嫌悪感を呼び出している」と。

ここでヌスバウム博士が論じているのは、〝邪悪《じゃあく》な行為をするのは特定の集団だけで、自分たちにはまったく関係ない〟とみなす思考に対してのものですが、感染症が引き起こす混乱と差別を巡る問題にも、その構図は当てはまるのではないかと私は考えます。

同書の中で博士が指摘するように、「病原菌」といった医学的言説が嫌悪感を示す表現として転用されて、特定の人々を貶《おとし》めたり、抑圧《よくあつ》したりする傾向《けいこう》があるからです。

差別の根源《こんげん》にある〝自分たちこそ最も正しく尊《とうと》い存在にほかならない〟との意識。それが何らかの社会的危機が起きた時に、〝自分たちだけは難《なん》を逃《のが》れたい〟と望《のぞ》む気持ちと相まって、他の集団への嫌悪感を強め、関わり合いを断つことで安堵しようとする構図がみられると思うのです。

ヌスバウム博士は、嫌悪感はその感情を向ける相手や集団に対し、「共同体の成員あるいは世界の成員ではないというレッテル」を貼《は》るものであり、特にそれが「弱い集団や人物の周縁化《しゅうえんか》を行う時には、危険な社会的感情となる」と警鐘《けいしょう》を鳴らしています。

また、博士が民主主義社会を支える感情として重視するのは「憤《いきどお》り」であるとし、その機能について次のように述べています。
「憤りは建設的な機能を持っている。憤りが語るのは、『これらの人々に対して不正がなされてきたが、そのような不正はあるべきではなかった』ということである。憤りはそれ自体で不正を正す動機を提供する」と。

その意味から言えば、人々が感じる「生きづらさ」は差別意識を募らせる原因となり、社会を分断《ぶんだん》させる危険性を持つ半面で、共生の社会を築くための建設的な行動を生む可能性も秘《ひ》めているといえましょう。

コロナ危機による打撃《だげき》が社会のあらゆる分野に及ぶ中で、人々の生命と尊厳が蔑《ないがし》ろにされることに対する痛みについて、これまで以上に切実に胸に迫《せま》った人は決して少なくなかったのではないでしょうか。

コロナ渦の中で、東京・新宿区の創価文化センターと世界各地をオンラインで結んで開催された「世界青年部総会」（2020年９月）

そこで肝要《かんよう》となるのは、自分が感じる「生きづらさ」を、他者を貶める「嫌悪感」に向けて解消しようとするのではなく、他の人々が感じている「生きづらさ」にも思いをはせながら、厳しい社会の状況を変えるための〝建設的な行動〟の輪を広げることだと思えてならないのです。

※　非常に困難な状況から抜け出す上で、その「道しるべ」となるものの譬えで、ギリシャ神話を淵源とする言葉。クレタ島の王女であるアリアドネが、怪物を退治するために迷宮に入ろうとするテセウスに糸を持たせることで、迷宮の入り口と結んだ糸を手がかりに無事に脱出できるようにした話に由来している。

2022年

2022年（第47回「SGIの日」記念提言）

「人類史の転換へ平和と尊厳《そんげん》の大光」

この提言の全文はこちらから読むことができます

時代背景――2021年の主な出来事

●東京オリンピック・パラリンピック開催

新型コロナウイルスの感染拡大により、2020年の実施が延期《えんき》となっていた東京オリンピック・パラリンピックが開催された。

●核兵器禁止条約が発効

2017年7月に国連で採択《さいたく》された核兵器禁止条約は、2020年10月24日に条約の発《はっ》効要件《こうようけん》である50カ国が批准《ひじゅん》。90日後の2021年1月22日に発効した。

要旨

２０２２年の提言ではまず、世界中が新型コロナウイルスの感染拡大とその影響に苦しむ状況下で、そもそも健康や幸福とは何を意味するのかに論及。大乗仏教で説かれる「同苦《どうく》」の精神に触《ふ》れ、経済学者のガルブレイス博士との対談を振り返りながら、〝生きる喜び〟を分かち合える社会を築く重要性を訴えています。また、コロナ危機からの再建において若い世代が希望を育《はぐく》み、女性が尊厳《そんげん》を輝かせることのできる経済を創出《そうしゅつ》することを呼びかけています。

続いて、「気候危機の打開に向けた日中共同誓約《せいやく》」を策定《さくてい》することや、世界の青年が主役となって地球環境を総合的に守るための「国連ユース理事会」の創設《そうせつ》を提案。また、国連で開催される教育変革サミットで、「子どもたちの幸福と教育のための行動計画」を採択するよう主張しています。最後に、ＮＰＴ（核兵器不拡散条約）で定められた核軍縮義務を履行《りこう》するための決議を国連安全保障理事会で採択することや、核兵器禁止条約の第１回締約国会合に多くの国がオブザーバー参加することを呼びかけつつ、核時代に終止符《しゅうしふ》を打つための方途を論じています。

視座1

歴史の行方を決定づけるのは私たち

――近視眼でも遠視眼でもない「正視眼」的生き方

新型コロナウイルス感染症の被害が続く状況下で、人々とのつながりの大切さを実感した人も少なくないのではないかと述べ、ネガティブな出来事にばかり目を向けるのではなく、危機の打開を目指すポジティブな動きを皆で広げていく必要があると指摘。そして、初代会長・牧口先生が第2次世界大戦という「危機の時代」に呼びかけた、〝何のため〟や〝誰のため〟との目的観を明確にして足元から行動を起こす「正視眼《せいしがん》」的な生き方を、社会の基軸《きじく》に据《す》えていくよう呼びかけています。

新型コロナウイルス感染症のパンデミック（世界的大流行）が宣言されてから、まもなく2年を迎《むか》えようとしています。

しかし、ウイルスの変異株《へんいかぶ》による感染の再拡大が起こるなど、多くの国で依然《いぜん》として厳《きび》しい状況が続いています。

愛する家族や友人を亡《な》くした悲しみ、また、仕事や生きがいを失った傷《きず》を抱《かか》えて、寄《よ》る辺《べ》もなく立ちすくんでいる人々は今も各国で後を絶たず、胸が痛んでなりません。

先の見えない日々が続く中、その影響は一過性《いっかせい》では終わらず、「コロナ以前」と「コロナ後」で歴史の一線が引かれることになるのではないかと予測《よそく》する見方もあります。

確かに、今回のパンデミックは未曽有《みぞう》の脅威《きょうい》であることは間違いないかもしれない。

しかし将来、歴史を分かつものが何だったのかを顧《かえり》みた時に、それを物語るものを〝甚《じん》大《だい》な被害の記録〟だけで終わらせてはならないと言えましょう。

歴史の行方《ゆくえ》を根底で決定づけるのはウイルスの存在ではなく、あくまで私たち人間にほかならないと信じるからです。

想像もしなかった事態の連続で戸惑《とまど》い、ネガティブな出来事に目が向きがちになりますが、危機の打開を目指すポジティブな動きを希望の光明《こうみょう》として捉《とら》え、その輪を皆で広げていくことが大切になります。

脅威の様相《ようそう》は異なりますが、今から80年前（1942年11月）、第2次世界大戦という「危機の時代」に、創価学会の牧口常三郎初代会長は、混迷《こんめい》の闇《やみ》を払《はら》うための鍵《かぎ》について論じていました（『牧口常三郎全集』第10巻、第三文明社を参照）。

目先のことにとらわれて他の存在を顧みない「近視眼《きんしがん》」的な生き方でも、スローガンが先行して現実変革の行動が伴《ともな》わない「遠視眼《えんしがん》」的な生き方でもない。〝何のため〟〝誰のため〟との目的観を明確にして足元から行動を起こす「正視眼《せいしがん》」的な生き方を、社会の基《き》軸《じく》に据《す》えるよう訴えたのです。

この「正視眼」について、牧口会長は日常生活でも必要になると論じているように、それは本来、特別な識見や能力がなければ発揮《はっき》できないものではありません。

現代でも、パンデミックという世界全体を巻き込んだ嵐《あらし》にさらされる経験を通し、次のような実感が胸に迫《せま》った人は少なくないのではないでしょうか。

「自分たちの生活は多くの人々の支えと社会の営《いとな》みがなければ成り立たず、人々とのつながりの中で人生の喜びは深まること」

「離れた場所を襲《おそ》った脅威が、時を置かずして自分の地域にも及ぶように、世界の問題は相互に深くつながっていること」

「国は違っても、家族を突然亡くす悲しみや、生きがいを奪《うば》われる辛《つら》さは同じであり、悲劇の本質において変わりはないこと」

その意味で重要なのは、未曽有の脅威の中で深くかみしめた実感を、共に嵐《あらし》を抜け出るための連帯の〝紐帯《ちゅうたい》〟としていく点にあると言えましょう。

牧口会長が心肝《しんかん》に染めていた仏法の箴言《しんげん》に、「天晴《てんは》れぬれば地明《ちあき》らかなり」（新146・全254）とあるように、世界を覆《おお》う暗雲《あんうん》を打ち破って、希望の未来への地平を照らす力が人間には具《そな》わっているはずです。

視座2 〝生きていくのが楽しい〟と言える時代を
——ガルブレイス博士のビジョン

多くの人が被害に苦しむコロナ危機の中にあって大切になるのは、周囲に〝支える手〟があり、共に助かったと喜び合える関係性を深めることであると強調。経済学者のガルブレイス博士が21世紀を〝人々が「この世界で生きていくのが楽しい」と言える時代にしたい〟と語ったことに触《ふ》れ、試練《しれん》を共に乗り越え、生きる喜びを分かち合える社会がまさに求められていると述べています。

——ある時、さまざまな境遇《きょうぐう》の人々に分《わ》け隔《へだ》てなく接《せっ》することで慕《した》われていた、維摩詰《ゆいまきつ》という釈尊の弟子が病気を患《わずら》った。

それを知った釈尊の意を受けて、文殊《もんじゅ》が維摩詰のもとを訪れることになり、他の弟子たちを含めた大勢の人々も同行した。

釈尊からの見舞いの言葉を伝えた後で、文殊が、どうして病気になったのか、患ってから久《ひさ》しいのか、どうすれば治《なお》るのかについて尋《たず》ねたところ、維摩詰はこう答えた。

「一切衆生《いっさいしゅじょう》が病《や》んでいるので、そのゆえにわたしも病むのです」と。

維摩詰は、その言葉の真意を伝えるべく、身近な譬《たと》えを用《もち》いて話を続けた。

「ある長者《ちょうじゃ》にただ一人の子があったとして、その子が病にかかれば父母《ふぼ》もまた病み、もしも子の病がなおったならば、父母の病もまたなおるようなものです」

菩薩《ぼさつ》としての生き方を自分が貫《つらぬ》く中で、他の人々に対して抱《いだ》いてきた心情も、それと同じようなものであり、「衆生が病むときは、すなわち菩薩も病み、衆生の病がなおれば、菩薩の病もまたなおるのです」――と(中村元『現代語訳　大乗仏典3』東京書籍を引用・参照)。

実際のところ、維摩詰は特定の病気を患っていたわけではありませんでした。

多くの人が苦しみを抱えている時、状況の改善《かいぜん》がみられないままでは、自分の胸の痛みも完全に消えることはないとの「同苦《どうく》」の思いを、〝病〟という姿をもって現じさせたものにほかならなかったのです。

維摩詰にとって、人々の窮状《きゅうじょう》に「同苦」することは、重荷《おもに》や負担《ふたん》のようなものでは決してなく、〝自分が本当の自分であり続けるための証《あか》し〟であったと言えましょう。

そこには、他の人々が直面する窮状からまったく離れて、自分だけの安穏などは存在しないとの生命感覚が脈打っています。

この仏法の視座を、現在のコロナ危機の状況に照らしてみるならば、世界中で多くの人々が病気とその影響に伴《ともな》う甚大な被害で立ちすくんでいる時に〝健康で幸福に生きるとは何を意味するのか〟という問いにも、つながってくるのではないでしょうか。

生きる喜びを分かち合える社会

この問いに思いをはせる時、経済学者のジョン・ケネス・ガルブレイス博士が、かつて私との対談で述べていた言葉が脳裏《のうり》に蘇《よみがえ》ってきます（『人間主義の大世紀を』潮出版社）。

博士は、大恐慌《だいきょうこう》や第2次世界大戦をはじめ、東西冷戦など多くの危機の現場に身を置き、人々が被《こうむ》った傷痕《きずあと》を目の当たりにしてきた体験を胸に刻《きざ》み、経済のみならず、社会のあり方を問い続けてきた碩学《せきがく》でした。

その博士に、21世紀をどのような時代にしていくべきかについて尋ねたところ、次のように答えておられたのです。

「それは、ごく短い言葉で言い表せます。すなわち、〝人々が『この世界で生きていくのが楽しい』と言える時代〟です」と。

対談では、この時代展望《てんぼう》を巡《めぐ》る対話に加えて、仏法の思想においても、〝人間は生きる喜びをかみしめるために、この世に生まれてくる〟との「衆生所遊楽《しゅじょうしょゆうらく》」の世界観が説かれていることを語り合いました。

当時（2003年）から歳月《さいげつ》を経《へ》て、ガルブレイス博士の言葉を振り返る時、改めて共感の思いを深くしてなりません。

いかなる試練《しれん》も共に乗り越え、〝生きる喜び〟を分かち合える社会を築くことが、まさに求められている――と。

2030年に向けて国連が推進している持続可能《じぞくかのう》な開発目標（SDGs）が採択《さいたく》されてから、本年（2022年）で7年を迎《むか》えます。

コロナ危機で停滞《ていたい》したSDGsの取り組みを立て直し、力強く加速させるためには、SDGsを貫く〝誰も置き去りにしない〟との理念を肉付けする形で、「皆《みな》で〝生きる喜び〟を分かち合える社会」の建設というビジョンを重ね合わせていくことが、望《のぞ》ましいのではないでしょうか。

〝誰も置き去りにしない〟との理念は、災害直後のような状況の下《もと》では、自《おの》ずと人々の間で共有されていくものですが、復興《ふっこう》が進むにつれて、いつのまにか立ち消えてしまいがちなことが懸念《けねん》されます。

また、パンデミックや気候変動のように問題の規模《きぼ》が大きすぎる場合には、脅威ばかりに目を向けてしまうと、〝誰も置き去りにしない〟ことの大切さは認識できても、思いが続かない面があると言えましょう。

その意味で焦点《しょうてん》とすべきは、脅威に直面して誰かが倒《たお》れそうになった時に、〝支える手〟が周囲《しゅうい》にあることではないでしょうか。

そこで着目《ちゃくもく》したいのは、冒頭《ぼうとう》で触《ふ》れた「正視眼《せいしがん》」について論じた講演で牧口初代会長が述べていた言葉です。

牧口会長は、社会で人間が真《しん》に為《な》すべき「大善《だいぜん》」とは何かを巡って、こう強調していました(『牧口常三郎全集』第10巻を引用・参照。現代表記に改めた)。

「今までの考え方からすると、国家社会に大きな事をしないと大善でないと思っているが、物の大小ではない」。そうではなく、たとえ一杯《いっぱい》の水を差し伸べただけであったとしても、それで命が助かったならば、大金にも代え難いのではないか、と。

そこには、「価値《かち》は物ではなくて関係である」との牧口会長の信念が脈打っています。

さまざまな脅威を克服する〝万能《ばんのう》な共通解《きょうつうかい》〟は存在しないだけに、大切になるのは、困難を抱える人のために自らが〝支える手〟となって、共に助かったと喜び合える関係を深めることであると思うのです。

仏法の精髄《せいずい》が説かれた法華経にも、「寒《さむ》き者の火を得《え》たるが如《ごと》く」「渡《わた》りに船を得たるが如く」「暗《やみ》に灯《ともしび》を得たるが如く」（597ページ）との譬えがあります。

試練の荒波に巻き込まれて、もうだめだと一時はあきらめかけながらも、助けを得て船に乗り、安心できる場所までたどり着いた時に湧《わ》き上がってくる思い——。

その心の底からの安堵《あんど》と喜びにも似《に》た、〝生きていて本当に良かった〟との実感を、皆で分かち合える社会の建設こそ、私たちが目指すべき道であると訴えたいのです。

視座3 いかなる脅威《きょうい》にも屈《くつ》しない地球社会を皆で
——未来世代に贈る何よりの遺産《いさん》

コロナ禍《か》にあって焦点《しょうてん》とすべきは国家単位での危機の脱出《だっしゅつ》ではなく、〝どれだけの命を共に救っていけるか〟であり、そこに照準《しょうじゅん》をあわせて協力を深め、人類共通の危機を乗り越えるレジリエンスの力を育《はぐく》み、鍛《きた》え上げる必要があると指摘。連帯の精神に基《もと》づく、いかなる脅威《きょうい》にも屈《くっ》しない地球社会こそ、未来世代に対する何よりの遺産《いさん》となると述べています。

歴史を振り返れば、WHO（世界保健機関）が創設されるきっかけとなったのは、国連憲章《けんしょう》の制定のために1945年4月から6月まで開催された、サンフランシスコ会議での議論でした。

当初、保健衛生問題は議題にのぼる予定はなかったものの、その重要性を指摘する声があがりました。

その結果、国連憲章の第55条で、国際協力を促進すべき分野の一つとして「保健」が明記されたほか、第57条が規定する専門機関の中に「保健分野」の機関が含まれることになったのです。

設立に向けて1946年に行われた会議では、第2次世界大戦での敵味方の違いを超えて、各国が参集することが望ましいとの提案を受け、日本やドイツやイタリアなどからも代表がオブザーバーとして参加しました。

また、当時の情勢下で画期的な意義をもったのは、新しい専門機関のあり方を検討する際に、通常の加盟国とは別に「準加盟国」の資格を設けることで、植民地支配の状態が解消されないままで独立が果たせずにいた多くの地域にも参加の道を開いた点です。

新しい専門機関の名称についても、国連加盟国だけを想定したような「国連」という文字ではなく、「世界」という文字が冠されることが決まり、1948年4月に正式に発足をみたのがWHOだったのです。

◇

パンデミックが続く今、改めてWHOの創設の経緯を顧みた時に、その名称に冠された「世界」の文字に込められた意義が、戸田会長の「地球民族主義」の思想とも重なり合う形で胸に迫ってきます。

昨年（2021年）、国連総会で181カ国の支持を得て採択された政治宣言でも、グローバルな連帯の重要性が次のように示されていました。

「我々は、国籍や場所を問わず、いかなる差別もすることなく、すべての人々、特に脆弱《ぜいじゃく》な状況にある人々を新型コロナウイルス感染症から守る必要性について平等に配慮し、連帯と国際協力を強化することを約束する」

本来、パンデミックの対応で焦点《しょうてん》とすべきは、国家単位での危機の脱出《だっしゅつ》ではなく、脅威《きょうい》を共に乗り越えることであるはずです。

昨年（2021年）の提言でも強調しましたが、自国の感染者数の増加といった〝マイナス〟の面ばかりに着目《ちゃくもく》すると、他国との連携《れんけい》よりも、自国の状況だけに関心が傾《かたむ》きがちになってしまう。

そうではなく、世界に同時に襲《おそ》いかかった脅威に対して、「どれだけの命を共に救っていくのか」という〝プラス〟の面に目を向けて、いずれの国もその一点に照準《しょうじゅん》を合わせることが、難局を打開する突破口になるはずです。

仏法にも、「人のために、夜、火をともせば（照らされて）人が明るいだけではなく、自分自身も明るくなる。それゆえ、人の色つやを増《ま》せば自分の色つやも増し、人の力を増せば自分の力も勝《まさ》り、人の寿命《じゅみょう》を延《の》ばせば自分の寿命も延びるのである」（新2150、趣意※新規収録）との教えが説かれています。

このような自他共に広がる「プラスの連関性」を足場として、協力と支援の明かりを灯《とも》す国が増えれば、脅威の闇《やみ》を消し去る方向につながっていくのではないでしょうか。私はそこに、地球大に開かれた「連帯意識」を確立する道があると考えるのです。

その意味で肝要《かんよう》なのは、政治宣言で認識が共有されていたように、〝国籍や場所を問わず、いかなる差別もなく平等に命を守る〟との精神であると言えましょう。

時代状況は異《こと》なりますが、仏典においても、人々の命を救う上でその一点を外してはならないとのメッセージが、ある医師の信念の行動を通して描かれています。

――釈尊在世のインドにおいて、マガダ国にジーバカ（耆婆《ぎば》）という名の青年がいた。タクシャシラーという別の国に名医がいることを知ったジーバカは、その国まで足を運び、医術のすべてを修得《しゅうとく》した。

「多くの人々のために身につけた医術を生かそう」と帰国したものの、ある時、国王の病気を治《なお》したことを機《き》に重宝《ちょうほう》されるようになり、「これから後は国中の者たちの治療《ちりょう》に当たる必要はない」と、限られた人の健康だけを守るように命じられてしまった。

それでも、マガダ国の首都で病気を患《わずら》った人がいた時には、国王の許可《きょか》のもと、その人の家に向かって治療にあたった。

カウシャーンビーという国で暮《く》らす子どもが病気になった時にも、急いでかけつけて手術《しゅじゅつ》を行ったほか、頭痛《ずつう》に悩《なや》まされていた別の国の王を助けた時には、高額の報酬《ほうしゅう》でその国に留《とど》まるよう誘《さそ》われたが断った。

その後もジーバカは多くの病人を救い、人々から尊敬された――と（中村元・増谷文雄監修『仏教説話大系』第11巻、すずき出版を引用・参照）。

このように他国で医術を学んだ彼は、自国の限られた人だけでなく、市井《しせい》の人々をはじめ、別の国の人々にも医術を施《ほどこ》しました。

世界各地で希望の励ましが広がる座談会（2023年11月、オーストラリアのメルボルン）

ジーバカという名前には、サンスクリット語で〝生命〟という意味もありますが、まさに彼はその名のままに、国や場所の違いを問わず、いかなる差別もせずに、多くの命を分け隔《へだ》てなく救っていったのです。

釈尊在世の時代に尊《とうと》い行動を貫《つらぬ》いたジーバカについて、13世紀の日本で仏法を説き広めた日蓮大聖人は、「その世のたから（宝）」（新1962・全1479）と、たたえていました。

現代においても、コロナ危機が続く中で多くの医療関係者の方々が、連日、献身的《けんしんてき》な行動を重ねておられることに、感謝の思いが尽《つ》きません。

まさに、世の宝というほかなく、その医療従事者を全面的に支えながら、〝国籍や場所を問わず、いかなる差別もなく平等に命を守る〟との精神を礎《いしずえ》にした、グローバルな保健協力を強化する必要があります。

連帯の精神に基づく地球社会の建設

この点に関し、私は昨年（2021年）の提言で、新型コロナ対策での協調《きょうちょう》行動の柱となり、今後の感染症の脅威にも十分に対応していけるような、「パンデミックに関する国際指針《ししん》」を採択《さいたく》することを提唱《ていしょう》しました。

WHOの総会特別会合で先月（2021年12月）、今後のパンデミックに備《そな》えた国際ルールを策定《さくてい》するために、全加盟国に開かれた政府間交渉の機関を設《もう》ける決議が、全会一致で採択されました。

新型コロナへの対応を巡る教訓を踏まえ、ワクチンの公平な分配や情報の共有といった対応について、あらかじめ条約や協定のような形で明文化することを目指し、3月までに最初の会合を開催することが決まったのです。

次のパンデミックは〝起きるかどうか〟ではなく〝いつ起こるか〟という問題にほかならないと、多くの専門家が指摘していることを踏まえて、「パンデミック条約」のような国際ルールを早期に制定し、その実施《じっし》のための取り組みを軌道《きどう》に乗せることを改めて強く呼びかけたい。

今回のコロナ危機が示したように、どこかの場所で深刻化した脅威が、時を置かずして、地球上のあらゆる場所の脅威となるのが、現代の世界の実相にほかなりません。

◇

私は以前、G7（主要7カ国）の枠組みにロシアとともに中国とインドを加える形で、

「責任国首脳会議」としての意義を込めながら、発展的に改編《かいへん》することを提案したことがありました。

ここで言う「責任」とは、いわゆる大国としての義務《ぎむ》のようなものではなく、人類共通の危機の打開を望む世界の人々の思いに対し、〝連帯して応答《おうとう》していく意思〟の異名《いみょう》とも言うべきものです。

人類共通の危機に対して、リスク管理的な発想に立つと、自国に対する脅威の影響だけに関心が向きがちになってしまう。

そうではなく、困難を乗り越えるための「レジリエンス」の力を一緒に育み、鍛《きた》え上げることが、今まさに求められています。

そして、その原動力となる「連帯」の精神は、気候変動をはじめとする多くの課題を打開する礎ともなっていくものです。

この「連帯」の精神に基《もと》づいて、いかなる脅威にも屈しない地球社会の建設を進めることこそが、未来の世代に対する何よりの遺産《いさん》になると確信してやみません。

視座4
すべてが一瞬にして無《む》に帰《き》す脅威と生きる
——核時代が人類に強《し》いているもの

核兵器の悲惨《ひさん》さは、その攻撃がもたらす壊滅的《かいめつてき》な被害にとどまらず、社会や世界を良くしようとの思いで積み重ねてきた、すべての人々の努力を一瞬《いっしゅん》にして無にしてしまうことにあると指摘。この理不尽な脅威と常に隣り合わせに生きることを強《し》いられているのが核時代の実相であると述べています。

今月（2022年1月）3日、核保有国のアメリカ、ロシア、中国、イギリス、フランスの5カ国の首脳が、核戦争の防止と軍拡競争の回避《かいひ》に関する共同声明を発表しました。さまざまな受け止め方もありますが、「核戦争に勝者はなく、決して戦ってはならない」との精神を確認し、軍事的対立の回避を共に追求する意思を表明したもので、積極的な行動につなげることが望まれます。

このような〝自制〟の重要性を踏まえた共同声明を基礎としながら、核拡散防止条約

（ＮＰＴ）の第６条で定められた核軍縮義務の履行《りこう》に向けて、核保有５カ国が具体的措置《そち》を促進するための決議を、国連安全保障理事会で採択することを呼びかけたい。

◇

今月（２０２２年１月）に開催予定だったＮＰＴ再検討会議は、新型コロナの影響で延期され、８月に開催することが検討されています。

前回（２０１５年）の会議では最終文書が採択されずに閉幕しましたが、その轍《てつ》を踏むことがあってはなりません。ＮＰＴの前文に記された〝核戦争の危険を回避するためにあらゆる努力を払う〟との誓《ちか》いに合致する具体的な措置に合意するよう、強く望みたい。

核保有５カ国の首脳が共同声明で再確認した、「核戦争に勝者はなく、決して戦ってはならない」との精神は、冷戦時代の１９８５年11月にジュネーブで行われた、アメリカのレーガン大統領とソ連のゴルバチョフ書記長による首脳会談で打ち出されたものでした。

この精神の重要性は、昨年（２０２１年）６月の米ロ首脳会談における声明でも言及されたものでしたが、核時代に終止符を打つために何が必要となるのかについて討議する機会を国連安全保障理事会で設けて、その成果を決議として採択し、時代転換の出発点にすべきだと、私は考えるのです。

1985年の米ソ首脳の声明は、両国のみならず、全人類にとって有益となる核軍縮交渉の始まりを画したものとして高く評価されていますが、ゴルバチョフ氏は当時を振り返ったインタビューの中で、核軍縮に踏み切った思いについて、こう語っていました。「これくらいでは山は崩《くず》れないだろうと思って、頂上から石をひとつ、ころがしてみたとする。ところが、その一石が引き金になって山じゅうの石がころがり出すと、山が崩れてしまう。核戦争も一緒で、一発のミサイル発射で全部が動き出してしまう。現在、戦略核の制御・管理は、完全にコンピューターに頼っていると言っても過言ではない。核兵器数が多ければ多いほど、偶発核戦争の可能性も大きくなる」(吉田文彦『核のアメリカ』岩波書店)

今なお核開発はやまず、一つまた一つと生み出される他国への対抗手段は、「これくらいでは山は崩れないだろう」との見込みで、進められているのかもしれません。

しかし、脅威の対峙《たいじ》による核抑止を続ける限り、極めて危うい薄氷《はくひょう》の上に立ち続けなければならない状態から、いつまでも抜け出せないという現実に、核保有国と核依存国は真正面から向き合うべきではないでしょうか。

この点に関し、ゴルバチョフ氏が、私との対談でも次のように強調していたことを思い起こします。

「核兵器が、もはや安全保障を達成する手段となり得ないことは、ますます明確になっています。実際、年を経《へ》るごとに、核兵器はわれわれの安全をより危ういものとしているのです」(「新世紀の曙」、「潮」2009年3月号所収)と。

核兵器の使用を巡るリスクが高まっている現状を打開するには、核依存の安全保障に対する〝解毒《げどく》〟を図ることが、何よりも急務となると思えてなりません。

核抑止《よくし》政策の主眼は、他国に対して核兵器の使用をいかに思いとどまらせるかにあるといわれます。しかしそこには、核使用を防ぐとの理由を掲《かか》げながらも、核抑止の態勢をとる前提として、核兵器を自国が使用する可能性があることを常に示し続けねばならないという矛盾《むじゅん》があります。

その矛盾を乗り越えて、自国の安全保障政策から核兵器を外すためには、国際社会への働きかけを含め、どのような新しい取り組みが自国に必要となるのかを、真摯《しんし》に見つめ直すことが求められるのです。

自国の安全保障がいかに重要であったとしても、対立する他国や自国に壊滅的《かいめつてき》な被害をもたらすだけにとどまらず、すべての人類の生存基盤《きばん》に対して、取り返しのつかない惨劇《さんげき》を引き起こす核兵器に依存し続ける意味は、一体、どこにあるというのか――。

この問題意識に立って、他国の動きに向けていた眼差しを、自国にも向け直すという〝解毒〟の作業に着手《ちゃくしゅ》することが、NPTの前文に記された〝核戦争の危険を回避するためにあらゆる努力を払う〟との共通の誓いを果たす道ではないかと訴えたいのです。

◇

思い返せば、激動の20世紀を通して何度も危機の現場に身を置いてきた、経済学者のガルブレイス博士が、この課題だけは皆で一致《いっち》して取り組まねばならないと力説していたのが、核兵器の脅威を取り除くことでした（『ガルブレイス著作集』第9巻、松田銑訳、TBSブリタニカを引用・参照）。

博士が自叙伝《じじょでん》の結びで、「回想録《かいそうろく》の著者《ちょしゃ》が、どこで公事《こうじ》に関する筆《ふで》をおくかを判断《はんだん》するのは難しいものである」と述べつつ、あえて締《し》めくくりに書き留《と》めたのは、専門とする経済の話ではありませんでした。

広島と長崎に原爆が投下《とうか》された年の秋に、日本を初訪問して以来、「一度もその教訓を忘《わす》れたことはない」と語る核兵器の問題だったのです。

そこには、1980年に博士が行った演説の一節が綴《つづ》られています。

核兵器廃絶と気候危機の打開を目指し、東京・国立競技場で行われた「未来アクションフェス」。創価学会青年部もＳＧＩユースとして参画した。席上、約12万人の青年の声を集めた意識調査をもとにした共同声明が発表された（2024年３月）

「もし我々が核兵器競争の抑制《よくせい》に失敗すれば、我々がこの数日間議論してきた、他の一切の問題は無意味となるでありましょう。

公民権の問題もなくなるでしょう。公民権の恩恵《おんけい》を被《こうむ》る人間がいなくなるから。

都市荒廃《こうはい》の問題もなくなるでしょう。わが国の都市は消え失せてしまうから」

「他の一切の問題については、意見が分《わか》れても、それは差支《さしつか》えありません。

しかし次の一点については、合意しようではありませんか——我々が、全人類の頭上を覆《おお》う、この核の恐怖を除くために力を尽《つ》くすと、アメリカ全国民、全同盟国、全人類に誓うということについては」と。

ガルブレイス博士が剔抉《てっけつ》していたように、核兵器の非人道性は、その攻撃がもたらす壊《かい》滅的《めってき》な被害だけにとどまりません。

どれだけ多くの人々が、〝社会や世界を良くしたい〟との思いで長い歳月《さいげつ》と努力を費《つい》やそうと、ひとたび核攻撃の応酬《おうしゅう》が起これば、すべて一瞬《いっしゅん》で無に帰《むき》してしまう——。あまりにも理不尽というほかない最悪の脅威と、常に隣り合わせに生きることを強いられているというのが、核時代の実相なのです。

現代文明の一凶を取り除く挑戦を!

私どもが進めてきた核廃絶運動の原点は、戸田第2代会長が1957年9月に行った「原水爆禁止宣言」にあります。

核保有国による軍拡競争が激化する中、その前月にソ連が大陸間弾道弾（ICBM）の実験に初成功し、地球上のどの場所にも核攻撃が可能となる状況が、世界の〝新しい現実〟となってまもない時期でした。

この冷酷《れいこく》な現実を前にして戸田会長は、いかなる国であろうと核兵器の使用は絶対に許されないと強調し、核保有の正当化を図ろうとする論理に対し、「その奥に隠されているところの爪をもぎ取りたい」(『戸田城聖全集』第4巻)と、語気強く訴えたのです。

一人一人の生きている意味と尊厳の重みを社会の営みごと奪い去るという、非人道性の極みに対する戸田会長の憤《いきどお》りを、不二の弟子として五体に刻みつけたことを、昨日の出来事のように思い起こします。

私自身、1983年以来、「SGIの日」に寄せた提言を40回にわたって続ける中で、核問題を一貫して取り上げ、核兵器禁止条約の実現をあらゆる角度から後押ししてきたのも、核問題という〝現代文明の一凶《いっきょう》〟を解決することなくして、人類の宿命転換は果たせないと確信してきたからでした。

時を経《へ》て今、戸田会長の「原水爆禁止宣言」の精神とも響き合う、核兵器禁止条約が発効し、第1回締約国会合がついに開催されるまでに至りました。

広島と長崎の被爆者や、核実験と核開発に伴《ともな》う世界のヒバクシャをはじめ、多くの民衆が切実に求める核兵器の廃絶に向けて、いよいよこれからが正念場となります。

私どもは、その挑戦を完結させることが、未来への責任を果たす道であるとの信念に立って、青年を中心に市民社会の連帯を広げながら、誰もが平和的に生きる権利を享受《きょうじゅ》できる「平和の文化」の建設を目指し、どこまでも前進を続けていく決意です。

メモ7 ランプの絵柄に込められた思い

初代会長・牧口先生と第2代会長・戸田先生の手で1930年に発刊された『創価教育学体系』の扉には、ランプの絵柄が描かれている。池田先生は2020年の提言で、この絵柄に込められた思いに言及している。

社会が大きな混乱や脅威で覆われた時、その嵐に容赦なくさらされ、激しい波に特に翻弄されるのは、常に子どもたちである。その状況に胸を痛めた牧口会長は、小学校という教育の最前線に立ち続け、子どもたちの心に希望を灯すことに最大の情熱を注ぐ一方で、幸福な人生を切り開く力を養うための人間教育のあり方を探求し、『創価教育学体系』という大著に結晶させていったのである、と。

そして、「牧口会長と戸田会長の胸中には、〝いかなる状況に置かれた子どもたちにも、教育の光を灯し続けたい〟との信念が脈打っていました。創価学会の創立の原点でもある『創価教育学体系』の扉に描かれたランプの灯火には、そうした二人の先師の誓いと行動が込められている気がしてならないのです。ランプの姿がいみじくも物語るように、教育の光は誰かの支えがなければ途切れてしまうものです。情熱を注ぎ続ける人々の存在があり、その人々を支える社会があってこそ輝き続けるものにほかなりません」とつづっている。

2012 2013 2014 2015 2016 2017 2018 2019 2020 2021 2022

［特別収録］

アドルフォ・ペレス＝エスキベル博士と池田先生の共同声明

「世界の青年へ レジリエンスと希望の存在たれ！」

※この共同声明は2018年6月にイタリアのローマで発表されたものです。

世界の青年たちよ！　人類の重要な挑戦のために連帯し、自《みずか》らの人生と、新しき世紀の歴史を開く建設者たれ！

人類がいかなる重大な試練《しれん》に直面しようと、それに立ち向かう「青年の連帯」がある限《かぎ》り、希望は失われることはない。

青年への限りない期待を込《こ》めて、この共同声明を発表したい。

◇

目まぐるしい社会変化の中で、21世紀の世界は、いくつもの深刻な課題を抱《かか》えるに至《いた》っ

イタリア・ローマのイタリア国際記者協会で行われた共同声明の国際記者発表会（2018年6月）

た。

こうした現代の世界に光明を見いだすためには、歴史と真摯《しんし》に向き合い、その記憶をたぐり寄《よ》せることが欠かせない。その記憶は、我々の目の前に新しい選択肢《せんたくし》を浮《う》かび上がらせるだけでなく、「もう一つの世界は可能である」と示す民衆の力と不屈《ふくつ》の精神という〝希望の光〟が、人間の歴史に輝いていることを教えてくれる。

20世紀の光と影《かげ》は、人類の歩みに深い影響を与える一方で、先進国と開発途上国の間に不均衡《ふきんこう》と不公平をもたらした。また、各国の国内においても、貧富《ひんぷ》の格差は拡大の一途《いっと》をたどっている。飢餓《きが》を見過ごすことは罪《つみ》であり、飢《う》えと貧困《ひんこん》との戦いに猶予《ゆうよ》の時はない。

問題解決に向けて、国連では「我々の世界を変革する」と題した「持続可能《じぞくかのう》な開発のための2030アジェンダ」が打ち立てられた。我々は、国や民族、宗教や文化といった差異《さい》を超えて、地球上から悲惨《ひさん》の二字をなくすためのアジェンダに協力して取り組まねばならない。

新しき時代創造への挑戦の波は、すでに生まれ始めている。

その一つが、気候変動対策のための「パリ協定」だ。異常気象の頻発《ひんぱつ》をはじめ、海面上昇《じょうしょう》などへの懸念《けねん》が高まる中、2016年11月に発効《はっこう》し、今や世界のほとんどの国が批准《ひじゅん》するに至っている。

もう一つは、2017年7月に採択された「核兵器禁止条約」である。核兵器を、一切の例外なく禁止する国際条約がついに誕生《たんじょう》したのだ。

昨年（2017年）11月には、教皇フランシスコの呼びかけで、「核兵器のない世界へ――統合的軍縮への展望《てんぼう》」をテーマにしたシンポジウムが、バチカンで開催された。

核兵器のない世界を追求する上で、核の脅威《きょうい》とともに、他国の民衆の生命と尊厳を犠牲《ぎせい》にして自国の安全保障を追求するような権力思考と野心こそ、廃絶《はいぜつ》されなければならない。

そうした「武装した理論」と決別する時が来ているのだ。

かつて私たち二人が対談集でさまざまな地球的課題を論じた際、その通奏低音《つうそうていおん》にあったのも、青年の力に対する限りない信頼にほかならなかった。

昨年（2017年）の核兵器禁止条約の採択に際し、市民社会の力強い後押しの中核を担《にな》ったのは、核兵器廃絶国際キャンペーン（ICAN）をはじめとする世界の青年たちの連帯であった。

青年が厳《きび》しい現実に屈《くっ》せず、前に進もうとする勇気を持てるか否《いな》か――。その現在の青年の姿が、未来を決定づける。

マーティン・ルーサー・キング博士は、「われわれは常に新しい日の夜明けに立っているのである」（クレイボーン・カーソン編『マーティン・ルーサー・キング自伝』梶原寿訳、日本基督教団出版局）との言葉を残した。

私たち二人もまた、地球という我々の「共通の家」には、人類と全《すべ》ての生きとし生けるもののために、新たな夜明けを迎《むか》える希望と志《こころざし》が常にあるとの信念を抱《いだ》き続けてきた。

難民問題は焦眉《しょうび》の課題である。幾百万、幾千万もの人々が、戦争や武力衝突《しょうとつ》の暴力、飢えの暴力、社会的暴力、構造的な暴力によって、生命と尊厳を脅《おびや》かされている。

困窮《こんきゅう》している人々に連帯し、その窮状《きゅうじょう》を打開するために、我々は両手だけでなく、考え方と心を大きく広げなければならない。

ゆえに私たち二人は、世界の青年たちに呼びかけたい。

連帯の力で乗り越えられない壁《かべ》など決してない。さまざまな文化的アイデンティティーや精神的アイデンティティー、そして属性《ぞくせい》の違いを超えて、青年による行動の連帯を幾重《いくえ》にも広げていこうではないか、と。

植えたものは、必《かなら》ず収穫《しゅうかく》される。自分たちの一つ一つの行動が未来に必ず実を結ぶことを信じ、「民衆と共に人生を歩む」という責任を勇《いさ》んで担おうではないか、と。

核兵器の脅威をはじめ、紛争による難民の急増、気候変動に伴《ともな》う異常気象、そして、マネーゲームが過熱《かねつ》する中での貧富の格差の拡大――。これらの問題の根底には、軍事の暴走、政治の暴走、経済の暴走があり、我々が「共に暮《く》らす家」である地球に大きな暗雲《あんうん》が垂《た》れ込《こ》める元凶《げんきょう》となっている。

力や富を得れば得るほど、「全てを今すぐに手に入れたい」との思いを抑《おさ》えきれない風《ふう》潮《ちょう》が強まっている。

東洋の思想には、社会の混迷《こんめい》を招く三つの要素に関する洞察《どうさつ》がある。一つ目は、利己的《りこてき》な欲望《よくぼう》に突き動かされる「貪《とん》（むさぼり）」で、二つ目は、他の人々を憎《にく》んで争《あらそ》う「瞋《じん》（いかり）」である。

そして三つ目は、自分たちの生きるべき方向性や社会の羅針盤《らしんばん》を見失ってしまう「癡《ち》（おろか）」だ。

ガンジーは、人間の行動基準《きじゅん》として、自らの言動が「最も貧《まず》しく、最も無力《むりょく》な人」にどんな影響を及ぼすのか、その顔を思い浮かべながら判断することを強く促《うなが》した。

ガンジーの信条は、社会的に弱い立場に置かれた人々の存在を常に忘れず、誰一人として犠牲《ぎせい》にしない社会を築くことにあったのである。

そこには、国連のＳＤＧｓ（持続可能《じぞくかのう》な開発目標）が掲《かか》げる〝誰も置き去りにしない〟との理念と響《ひび》き合う「人間性」が力強く脈打っている。

さらに私たち二人は、この共同声明を通し、現代文明における暴走を食い止め、人間と母なる地球とのバランスを回復し、〝誰も置き去りにしない〟社会を築くための礎《いしずえ》として、「世界市民教育を通じた青年のエンパワーメント（内発的な力の開花）」の推進を、国際社会に強く提唱したい。

青年たちの限りない可能性と力を引き出すエンパワーメントを、地球上のあらゆる場所で推進していくために、私たちは世界市民を育《はぐく》む取り組みを2030年に向けて新たにスタートさせなければならない。

その取り組みを通し、青年たちが、

①悲惨な出来事を繰り返さないため、「歴史の記憶《きおく》」を胸に共通の意識を養《やしな》う

②地球は本来、人間が「共に暮らす家」であり、差異による排除《はいじょ》を許《ゆる》してはならないことを学ぶ

③政治や経済を〝人道的な方向〟へと向け、持続可能な未来を切り開くための英知を磨《みが》く

――ことを期待したい。

そしてこの三つの柱を軸《じく》に、青年たちが連帯し、母なる地球を守るための行動の輪を広げる流れをつくり出すべきではないだろうか。

私たち二人は、〝戦争と暴力の世紀〟であった20世紀の嵐《あらし》をくぐり抜ける中で、その転換を求めて、民族や宗教の違いを超えた友情の連帯を一歩ずつ広げる努力を重ねてきた。その友情と多様性における調和の連帯の松明《たいまつ》を託《たく》す思いで、私たち二人は、21世紀に生きる青年たちに強く呼びかけたい。

青年たちが人々と共に団結し、生命の尊厳を守り、不正義と闘い、肉体と精神、そして

自由のための糧《かて》を分かち合うこと——。私たち、アドルフォ・ペレス＝エスキベルと池田大作は、現代および未来の社会のため、新しい希望の夜明けを開くため、それが不可欠だと考える。

青年たちがその行動を広げていくならば、揺《ゆ》るがぬ人類の普遍《ふへん》の精神的遺産《いさん》と、「公正」や「連帯」に基《もと》づく新たな世界を構築できることを確信してやまない。

NPT再検討会議への緊急提案（2022年7月）

この提案の全文はこちらから読むことができます

要旨

ウクライナの情勢《じょうせい》をはじめ国際社会の緊張《きんちょう》が高まる中、核軍縮《かくぐんしゅく》等を議論するNPT（核兵器不拡散《ふかくさん》条約）再検討《さいけんとう》会議が2022年8月、ニューヨークの国連本部で開催されました。核兵器保有国も参加する同会議に寄せて、池田先生は会議に先立つ同年7月に「核兵器の先制不使用」の誓約などを求める緊急提案を発表。核兵器国による「核兵器の先制不使用」の原則の確立と、その原則への全締約国《ぜんていやくこく》による支持を会議の最終文書に盛り込むことなどを提案しています。

広島と長崎への原爆投下から、まもなく77年を迎《むか》えます。

しかし、いまだ核兵器廃絶に向けた本格的な軍縮が進んでいないばかりか、核兵器が再び使用されかねないリスクが、冷戦後で最も危険なレベルにまで高まっていることが、懸《け》念《ねん》されてなりません。

核兵器に対し、〝決して使用してはならない兵器〟として明確に歯止めをかけることが、まさに焦眉《しょうび》の課題となっているのです。

本年(2022年)1月3日、核兵器国であるアメリカ、ロシア、イギリス、フランス、中国の首脳は、「核戦争の防止と軍拡競争の回避《かいひ》に関する共同声明」を発表していました。

そこで確認されていたのが「核戦争に勝者はなく、決して戦ってはならない」との精神でしたが、世界の亀裂《きれつ》が深まった現在の情勢《じょうせい》においても、〝核戦争に対する自制〟という一点については決して踏みにじる意思はないことを、すべての核兵器国が改めて表明すべきではないでしょうか。

その上で、核兵器の使用という〝破滅的《はめつてき》な大惨事《だいさんじ》を引き起こす信管《しんかん》〟を、現在の危機から取り除くとともに、核兵器による威嚇《いかく》が今後の紛争《ふんそう》で行われないようにするために、早急に対策を講じることが求められると思えてならないのです。

◇

これまでの核抑止《よくし》政策の主眼は、核兵器の使用をいかに〝他国〟に思いとどまらせるかにありました。その結果、核保有国がさらなる軍拡に傾《かたむ》く状況が生じてきたと言えましょう。

その状態から一歩を踏み出して、〝他国〟の核兵器の脅威に向けてきた厳《きび》しい眼差しを、〝自国〟の核政策がはらむ危険性にも向け直していく作業を通しながら、「核戦争の防止」のために自国としてどのような貢献《こうけん》を為《な》しうるかについて真摯《しんし》に検討《けんとう》し、核リスクを抜本的に低減《ていげん》させるための具体的な措置《そち》を進めていく――。このパラダイム転換への突破口として、「核兵器の先制不使用」の方針《ほうしん》を各国が明確な形で示し合うことを、私は提唱したいのです。

緊迫《きんぱく》した状況が続くウクライナ情勢を前にして、核保有国や核依存国の間でも新しい動きがみられます。

特に注目されるのは、核兵器廃絶《はいぜつ》などを目指す世界の都市のネットワークである「平和首長会議」に、核保有国や核依存国を中心に１２４の自治体が新たに加盟したことです。

今や、世界１６６カ国・地域の８０００を超える自治体が、核兵器による惨劇《さんげき》を〝自分たちの町や都市〟に対して起こさせないだけでなく、〝地球上のどの町や都市〟にも起こさせないために連帯を広げているのです。

国の違いを超えて「自他共の平和と安全と安心」を求める世界の自治体の意識変革の広がりに、核保有国や核依存国が踏み出すべき「安全保障のパラダイム転換《てんかん》」のモデルがあるように思えてなりません。

その意識変革の源流《げんりゅう》には、自らの悲痛《ひつう》な体験を通して「核兵器による惨劇をどの国の人々にも引き起こしてはならない」との訴えを続けてきた、広島と長崎の被爆者や、核実験と核開発に伴《ともな》う世界のヒバクシャの存在がありました。

そして、その思いと連動して市民社会で広がった連帯を受け、2017年に採択《さいたく》され、昨年(2021年)に発効《はっこう》したのが核兵器禁止条約にほかならないのです。

本年(2022年)6月、その第1回締約国会議が開催されましたが、そこで採択されたウィーン宣言と行動計画で明記された通り、NPTと核兵器禁止条約は補完《ほかん》し合う関係にあるものです。

地球に生きるすべての人々と将来の世代のために「核兵器のない世界」への橋を架《か》けることは、そもそもNPTで希求《ききゅう》されていたものだったからです。

その挑戦を前に進めるために、今、核保有国の側《がわ》から新たな行動を起こすことが必要ではないでしょうか。それこそが、NPTの前文に刻まれた〝全人類に惨害《さんがい》をもたらす核戦争の危険を回避するために、あらゆる努力を払う〟との誓《ちか》いを果たす道であると訴えたいのです。

ウクライナ危機と核問題に関する緊急提言（2023年1月）

「平和の回復へ歴史創造力の結集を」

この提言の全文はこちらから読むことができます

要旨

ウクライナを巡《めぐ》る危機の早期終結《しゅうけつ》と核兵器の使用を防止するための措置《そち》を求めて、池田先生は「平和の回復へ歴史創造力の結集を」と題する緊急《きんきゅう》提言を2023年1月に発表。40回にわたる「SGIの日」記念提言を通して論じてきた、核兵器にひそむ根源的《こんげんてき》な問題について改めて掘り下げながら、人類の未来を開く核軍縮《かくぐんしゅく》を進めるための行動の連帯を呼びかけています。

昨年（2022年）2月に発生したウクライナを巡《めぐ》る危機が、止《や》むことなく続いています。戦火の拡大で人口密集地やインフラ施設《しせつ》での被害も広がる中、子どもや女性を含《ふく》む大勢の市民の生命が絶《た》えず脅《おびや》かされている状況に胸が痛んでなりません。

避難《ひなん》生活を余儀《よぎ》なくされた人々も国内で約590万人に及んでおり、ヨーロッパの国々に逃《のが》れざるを得なかった人々は790万人以上にも達しました。

〝戦争ほど残酷《ざんこく》で悲惨《ひさん》なものはない〟というのが、二度にわたる世界大戦が引き起こした惨禍《さんか》を目の当たりにした「20世紀の歴史の教訓」だったはずです。

私も10代の頃、第2次世界大戦中に空襲に遭《あ》いました。火の海から逃《に》げ惑《まど》う中で家族と離《はな》れ離《ばな》れになり、翌日まで皆の安否《あんぴ》がわからなかった時の記憶は、今も鮮烈《せんれつ》です。また、徴兵《ちょうへい》されて目にした自国の行為に胸を痛めていた私の長兄が、戦地で命を落としたとの知らせが届《とど》いた時、背中を震《ふる》わせながら泣《な》いていた母の姿を一生忘れることができません。

翻《ひるがえ》って現在のウクライナ危機によって、どれだけの人が命を失い、生活を破壊《はかい》され、自分や家族の人生を一変させられたのか――。

国連でも事態の打開を目指して、「平和のための結集」決議に基《もと》づく総会の緊急特別会期が40年ぶりに安全保障理事会の要請《ようせい》を受ける形で開かれたのに続き、グテーレス事務総長がロシアとウクライナをはじめとする関係国の首脳《しゅのう》との対話を重ねながら、調停《ちょうてい》にあたってきました。

しかし危機は長期化し、ヨーロッパ全体に緊張《きんちょう》を広げているだけでなく、その影響で食料の供給《きょうきゅう》不足やエネルギー価格の高騰《こうとう》、金融市場の混乱《こんらん》が引き起こされ、多くの国々に深刻な打撃を及ぼしています。

すでに今回の危機以前から、気候変動に伴《ともな》う異常気象の頻発《ひんぱつ》や、新型コロナウイルス感染症のパンデミックによる被害に見舞われてきた世界の多くの人々を、さらに窮地《きゅうち》に追い込む状況が生じているのです。

戦闘の激化に加え、冬の厳しさが増す中で電力不足の生活を強《し》いられているウクライナの人々はもとより、そうした世界の人々の窮状《きゅうじょう》を食い止めるために、現在の状況を何としても打開する必要があります。

そこで私は、国連が今一度、仲介《ちゅうかい》する形で、ロシアとウクライナをはじめ主要な関係国による外務大臣会合を早急に開催し、停戦《ていせん》の合意を図ることを強く呼びかけたい。その上で、関係国を交えた首脳会合を行い、平和の回復に向けた本格的な協議を進めるべきではないでしょうか。

本年(2023年)は、国際連盟の総会で「戦時における空襲《くうしゅう》からの一般住民の保護《ほご》」

に関する決議が行われてから85年、また、人間の尊厳が再び蹂躙《じゅうりん》されることのない時代の建設を誓い合った「世界人権宣言」が国連で採択《さいたく》されてから75年の節目にあたります。国際人道法と国際人権法を貫《つらぬ》く〝生命と尊厳《そんげん》を守り抜くことの重要性〟を踏まえて、現在の危機を一日も早く終結させるべきであると訴えたいのです。

ウクライナ危機の終結とともに、私が力説したいのは、現在の危機だけでなく今後の紛争も含《ふく》める形で、「核兵器による威嚇《いかく》と使用を防止するための措置《そち》」を講《こう》じることが、焦《しょう》眉《び》の課題となっていることです。

危機が長期化する中で、核兵器の使用を巡って言葉による牽制《けんせい》がエスカレートしており、核兵器に関するリスクは冷戦後の世界で最も高まっています。

核戦争を招くような事態はどの国も望《のぞ》んでいないとしても、警戒態勢《けいかいたいせい》が続く今、情報の誤認《ごにん》や偶発的《ぐうはつてき》な事故、サイバー攻撃《こうげき》による混乱などが引き金となって〝意図《いと》せざる核使用〟を招く恐れは、通常よりも格段に大きくなっているのではないでしょうか。

昨年（２０２２年）10月には、核戦争の寸前まで迫《せま》ったキューバ危機から60年となる時節を迎《むか》えていたにもかかわらず、ロシアとＮＡＴＯ（北大西洋条約機構）の双方《そうほう》が、核戦力部隊の演習を相次いで実施《じっし》しました。

緊張の高まりを前にして、国連のグテーレス事務総長は、「核兵器がもたらすのは安全の保障ではなく、大量殺戮《さつりく》と混迷《こんめい》だけである」との警鐘《けいしょう》を鳴らしましたが、その認識を〝21世紀の世界の共通基盤《きばん》〟とすることが、今まさに求められているのです。

私も、核兵器を「国家の安全保障」の観点から捉《とら》えるだけでは、深刻な問題を見過ごすことになりかねないと訴えてきました。1983年から40回にわたって重ねてきた提言を通して、「核兵器の非人道性」を議論の中軸に据《す》えることの重要性とともに、一人一人の人間が生きてきた証《あか》しや社会と文明の営みが一瞬《いっしゅん》で無にされる「核攻撃の不条理性」にも、目を向けねばならないと論じてきました。

それらの点に加えて、今回、特に強調したいのは、核使用を巡る緊張がエスカレートした時、その切迫性の重力に縛《しば》り付けられて、人間が持つ〝紛争の悪化を食い止める力〟が奪《うば》われてしまいかねないという、「核の脅威に内在する負《ふ》の重力」の問題です。

キューバ危機の際に、ソ連のフルシチョフ書記長が「結び目が固く縛られるあまり、それを結びつけた人間でさえそれを解く力がなく、そうなると、その結び目を切断することが必要になるような瞬間《しゅんかん》が来かねない」と述べ、アメリカのケネディ大統領も「われわれが核兵器をもっているかぎり、この世界は本当に管理することができないんだ」と語らざるを得なかったように、その状況は核保有国の指導者でさえ思うように制御《せいぎょ》できないものです。

ましで、核ミサイルの発射を検討する段階に至った時には、破滅的な大惨事を阻止《そし》するために、紛争当事国の民衆を含めて世界の民衆の意思を介在《かいざい》させる余地は、制度的にも時間的にも残されていないのです。

核兵器による抑止政策で、自国を取り巻く情勢をコントロールしようとしても、ひとたび一触即発《いっしょくそくはつ》の事態に陥《おちい》った時には、自国の国民を含めて世界中の人々を否応《いやおう》なく危機に縛り付けてしまう――。それが、冷戦時代から変わることのない核時代の実相であることに、核保有国と核依存国は今一度、厳しく向き合うべきではないでしょうか。

G7広島サミットへの提言（2023年4月）

「危機を打開する〝希望への処方箋〟を」

この提言の全文はこちらから読むことができます

要旨

2023年5月に広島市で行われたG7サミット（主要7カ国首脳会議）に寄《よ》せて、池田先生は同年4月、「危機を打開する〝希望への処方箋《しょほうせん》〟を」と題する提言を発表。冷戦終結への流れを後押しする一翼《いちよく》を担《にな》った、核戦争防止国際医師会議（IPPNW）の共同創設者であるバーナード・ラウン博士の信念などに言及しながら、ウクライナを巡《めぐ》る危機の早期終結を図るための方途を探《さぐ》り、核兵器の威嚇《いかく》と使用を防止する上で必要となる措置《そち》について、G7サミットへの提案を行《おこな》っています。

世界中に深刻な打撃を広げ、核兵器の使用の恐れまでもが懸念《けねん》されるウクライナ危機が、1年以上にわたって続いています。

その解決が強く求められる中、広島市でG7サミット（主要7カ国首脳会議）が5月19日から21日まで開催されます。

広島での開催に際して思い起こされるのは、核戦争防止国際医師会議（IPPNW）の共同創設者であるバーナード・ラウン博士が述べていた信念です。

冷戦終結に向けて世界が急速に動いていた1989年3月、広島訪問のために来日した博士とお会いした時、アメリカで心臓専門医の仕事を続ける一方で平和運動に尽力《じんりょく》する思いについて、こう語っていました。

「何とか人々を『不幸な死』から救い出したい。その思いが、やがて、人類全体の『死』をもたらす核兵器廃絶の信念へと昇華《しょうか》されていったのです」と。

その信念こそ、心臓病研究の盟友《めいゆう》だったソ連のエフゲニー・チャゾフ博士と冷戦の壁《かべ》を超えて共有され、IPPNW創設の原動力となったものだったのです。

運動の起点《きてん》となる対話を二人が交《か》わしたのは、1980年12月──。レーガン米大統領とソ連のゴルバチョフ書記長がジュネーブで合意した「核戦争に勝者はなく、決して戦ってはならない」との共同声明に、5年も先立つものでした。

米ソの共同声明が世界の耳目《じもく》を集めた翌年（1986年6月）、ラウン博士とチャゾフ博士は広島を訪れ、病院で被爆者を見舞った次の日に、「『共に生きよう　共に死ぬまい』―いま核戦争防止に何をなすべきか―」と題するシンポジウムで講演を行いました。

この「共に生きよう　共に死ぬまい」との言葉には、人々の生命を守ることに献身《けんしん》してきた医師としての実感が、凝縮《ぎょうしゅく》していたように思えてなりません。そしてそれは、〝地球上の誰の身にも、核兵器による悲劇《ひげき》を起こさせてはならない〟との広島と長崎の被爆者の思いと、響《ひび》き合うものにほかなりませんでした。

翻《ひるがえ》って近年、新型コロナウイルス感染症のパンデミック（世界的大流行）が長引く中、ともすれば各国の対応が〝内向き〟になりそうな時に、保健衛生《えいせい》に関する国際協力の紐帯《ちゅうたい》となってきたのが、「共に生きよう　共に死ぬまい」との言葉にも通じる連帯の精神ではなかったでしょうか。

その精神を足場にしながら、今回の広島サミットを通して、多くの市民に甚大《じんだい》な被害が及んできたウクライナ危機を早急に打開する道を開くとともに、「核兵器の威嚇《いかく》と使用の防止」に向けた明確な合意を打ち出すことを、強く訴えたい。

◇

そもそも今日《こんにち》、多くの人々が切実《せつじつ》に求める安全保障とは一体何でしょうか。

ウクライナ危機が発生する半月ほど前に国連開発計画が発表した報告書では、「世界のほとんどの人々が自分が安全ではないと感じている」との深刻な調査結果が示されていました。背景には、〝人々が自由と尊厳《そんげん》の中で貧困《ひんこん》や絶望のない生活を送る権利〟を意味する「人間の安全保障」の喪失感《そうしつかん》があり、パンデミックの数年前から、その割合は〝7人中で6人〟にまで達していたというのです。

この状況は、ウクライナ危機の影響

核戦争防止国際医師会議（IPPNW）共同創設者であるバーナード・ラウン博士㊨と池田先生が再会を喜び合う（1989年3月、東京都内）

でますます悪化している感は否《いな》めません。

報告書に寄せた国連のグテーレス事務総長の言葉には、「人類は自ら、世界をますます不安で不安定な場所にしている」との警鐘《けいしょう》がありましたが、その最たるものこそ、核兵器の脅威が世界の構造に抜きがたく組み込まれていることではないでしょうか。

例《たと》えば、温暖化防止については〝厳しい現実〟がありながらも、人類全体に関わる重要課題として国連気候変動枠組条約の締約国会議《ていやくこくかいぎ》を重ねて、対策を強化するためのグローバルな連帯が形づくられてきました。

一方、核問題に関しては、核軍縮を求める声があがっても、核保有国や核依存国からは、安全保障を巡《めぐ》る〝厳しい現実〟があるために機が熟《じゅく》していないと主張されることが、しばしばだったと言えましょう。

しかし、昨年（２０２２年）のＮＰＴ再検討会議で最終文書案に一時は盛り込まれた「核兵器の先制不使用」について合意できれば、各国が安全保障を巡る〝厳しい現実〟から同時に脱《だっ》するための土台にすることができるはずです。ＩＰＰＮＷのラウン博士らが重視していた「共に生きよう　共に死ぬまい」との精神にも通じる、気候変動やパンデミックの問題に取り組む各国の連帯を支えてきたような「共通の安全保障」への転換が、まさに求められているのです。

闇が深ければ深いほど暁は近い

その〝希望への処方箋〟となるのが、先制不使用の誓約《せいやく》です。「核兵器のない世界」を実現するための両輪ともいうべきNPTと核兵器禁止条約をつなぎ、力強く回転させる〝車軸〟となりうるものだからです。

世界のヒバクシャをはじめ、IPPNWを母体にして発足したICAN（核兵器廃絶国際キャンペーン）などと連帯しながら、核兵器禁止条約の締結《ていけつ》と普遍化《ふへんか》のために行動してきたSGIとしても、喫緊《きっきん》の課題として「核兵器の先制不使用」の確立を後押しし、市民社会の側から時代変革の波を起こしていきたい。

かつてラウン博士が、ベルリンの壁が崩壊し、米ソ首脳が冷戦終結を宣言した年であり、東西の壁を越えて3000人の医師が集い、IPPNWの世界大会が「ノーモア・ヒロシマ　この決意永遠に」をテーマに広島で行われた年でもあった1989年を振り返り、こう述べていたことを思い起こします。「一見非力《いっけんひりき》に見える民衆の力が歴史のコースを変えた記念すべき年であった」と。

〝闇《やみ》が深ければ深いほど暁《あかつき》は近い〟との言葉がありますが、冷戦の終結は、不屈《ふくつ》の精神に立った人間の連帯がどれほどの力を生み出すかを示したものだったと言えましょう。

「新冷戦」という言葉さえ叫《さけ》ばれる現在、広島でのG7サミットで〝希望への処方箋〟を生み出す建設的な議論が行われることを切《せつ》に願うとともに、今再び、民衆の力で「歴史のコース」を変え、「核兵器のない世界」、そして「戦争のない世界」への道を切り開くことを、私は強く呼びかけたいのです。

池田大作（いけだ・だいさく）

1928年～2023年。東京生まれ。創価学会第三代会長、名誉会長、創価学会インタナショナル（SGI）会長を歴任。創価大学、アメリカ創価大学、創価学園、民主音楽協会、東京富士美術館、東洋哲学研究所、戸田記念国際平和研究所などを創立。世界各国の識者と対話を重ね、平和、文化、教育運動を推進。国連平和賞、UNHCR（国連難民高等弁務官事務所）から人道賞のほか、モスクワ大学、グラスゴー大学、デンバー大学、北京大学など、世界の大学・学術機関から名誉博士・名誉教授、さらに桂冠詩人・世界民衆詩人の称号、世界桂冠詩人賞、世界平和詩人賞など多数受賞。

著書は『人間革命』（全12巻）、『新・人間革命』（全30巻）など小説のほか、対談集も『二十一世紀への対話』（A・J・トインビー）、『二十世紀の精神の教訓』（M・ゴルバチョフ）、『人間主義の大世紀を』（J・K・ガルブレイス）、『地球平和への探究』（J・ロートブラット）、『平和の哲学　寛容の智慧』（A・ワヒド）、『地球対談　輝く女性の世紀へ』（H・ヘンダーソン）など多数。

巻末付録

未来への一歩

~A Step Towards the Future~

「気候変動の問題の解決をはじめ、SDGsの目標を達成する道は、決して平坦《へいたん》なものではないでしょう。しかし、青年たちの連帯がある限り、乗り越えられない壁《かべ》など決してないと、私は固く信じてやまないのです」

（2020年　第45回「SGIの日」記念提言）

巻末付録「未来への一歩 ~A Step Towards the Future~」では、池田先生の提言の内容を深めるためのディスカッションのテーマや、持続可能な社会の実現に向けて個人でできる取り組みの例を紹介します。「今、ここから」変革の一歩を踏み出すために、関心のあることにチャレンジしてみましょう。

ディスカッション ＼語り合おう／

ここでは、平和について学び深め、行動を起こしていくための一助として、友人やご家族など、周囲の方と語り合うためのテーマを掲載します。

- 最近、気になっている社会課題はありますか？
- 戦争や核兵器について聞いたり学んだりしたことで、印象に残っていることは何ですか？
- なぜ核兵器を廃絶する必要があると思いますか？
- あなたにとって〝誰も置き去りにしない社会〟とは、どのような社会ですか？
- 自分の立場で平和のために貢献できることは何だと思いますか？
- 気候変動を日常生活で実感することはありますか？
- 災害への備えとして取り組んでいることはありますか？
- 自分や周りの人の人権が守られていないと感じたことはありますか？
- 日常生活の中で、自分が持つ偏見や固定観念に気づいたことはありますか？
- 本書に掲載されている提言の中で特に印象に残っているものは何ですか？
- 提言を読み、取り組んでみたいと思ったテーマやアクションはありますか？

※次の「アクション」のページもチェックしてください

「〝今この瞬間の行為〟が自分だけでなく、周囲や社会にプラスの価値をもたらす変革の連鎖を起こすことができる」

（2013年　第38回「SGIの日」記念提言）

人道支援

【アクション】

- ハザードマップの確認や防災グッズの準備など、災害への備えをしよう

まずは自分や家族の身を守り、できることから始めよう！

- 消防団や町内会などへの参加や、近隣への普段からの声かけなど、共に助け合うコミュニティーを目指そう
- 災害支援や難民支援団体への寄付やチャリティー活動に参加してみよう
- 災害や難民支援のボランティアに参加してみよう

【ツール】

- **防災の手引き ～いのちとくらしをまもるために～（首相官邸）**
  日頃からできる防災の取り組みや重要な情報を発信するSNSアカウントを紹介
- **難民映画祭（国連UNHCR協会主催）**
  難民をテーマとした映画を通して共感と支援の輪を広げていく取り組み
- **【震災証言】「希望を灯す『誓い』の共有へ」**
  創価学会東北青年部主催のオンライン証言会を収録した映像（約16分）

アクション ＼踏み出そう／

ここでは現在の国際社会が直面している課題の解決に向けて、SGI が国連NGOとして取り組んできた主な分野を中心に、個人で実践できるアクションと学びを深めるためのツールを紹介します。

気候変動

【アクション】

- 移動の際は公共交通機関や自転車を使い、CO_2の排出削減に貢献しよう
- エシカル消費（人や社会、環境に配慮した商品の購入）を心がけよう
- 家の断熱や節水節電など、省エネを心がけよう

経済的な面でもメリットがあります

- 太陽光パネルの設置や再生可能エネルギー由来の電気への切り替えを推進しよう

再エネへの切り替えはインターネットから簡単にできます

【ツール】

- **act now（国連広報センター）**
  気候変動対策を呼びかける国連のキャンペーン。
  個人にできる10の行動を紹介

- **デコ活アクション一覧（環境省）**
  脱炭素社会に向けて、一人一人の行動変容を後押しするべく同省が推進している取り組み

- **動画「気候危機」を乗り越えゆくための挑戦**
  国内各地の被害の様子や専門家へのインタビューを通して、気候危機について解説（約15分）

- **マイチャレンジ10**
  「いますぐできるエコアクション」が学べるアンケート

人権・ジェンダー

【アクション】

●「人権とは何か？」について動画や書籍で学んでみよう

●職場、学校、家庭など身近な環境に意識を向けて、自分にできることを考えよう

●人権の促進やジェンダー平等の実現を目指すNGOのイベントに参加したり、支援してみよう

【ツール】

●**「わたしたちの権利」日本語版の説明動画（スロベニア共和国外務省）**
子どもの権利を学ぶための人権教育プロジェクト「わたしたちの権利」の教材の説明動画（約９分）

●**映画「尊厳への道――人権教育の力」**
「人権教育」に関する認識を高めるとともに、「人権教育および研修に関する国連宣言」を普及することを目的とした映画（約28分）※字幕設定で日本語を選択してください

●**人権教育ウェブサイト**
人権教育の推進を目指し、国連人権高等弁務官事務所協賛のもとSGI などが制作したサイト

●**クイズで考える“子どもの権利条約”**
子どもの基本的人権を保障するために定められた「子どもの権利条約」を学ぶクイズ

●社会や地域に声を届けよう

SNSの活用や、地方自治体と話してみるという方法もあります

核兵器

【アクション】

- 被爆者の被爆体験や核実験被害者の証言映像などを視聴してみよう
- 核兵器廃絶を目指す市民社会の取り組みや、核兵器をめぐる議論（核兵器禁止条約における核被害者援助、核抑止論の正当化がもたらす核リスクの増大など）や科学的知見（核兵器の非人道的影響など）を学んでみよう
- 広島、長崎の原爆資料館や東京の第五福竜丸展示館などを訪問してみよう
- 核兵器廃絶を目指すNGOのイベントに参加したり、支援してみよう

【ツール】

- **被爆証言「ヒロシマ1945年８月６日」**
  2023年５月のＧ７広島サミットで被爆体験を語った小倉桂子氏の被爆証言映像（約54分）
- **「核兵器禁止条約とは？」（ICANとSGI が制作）**
  核兵器禁止条約について学ぶスライドストーリー映像（約５分）
- **証言映像「私は生き抜く～語られざるセミパラチンスク～」（国際安全保障政策センター〈CISP〉とSGI が制作）**
  カザフスタンの核実験被害者の証言を収録（約20分）
- **長崎大学核兵器廃絶研究センターのウェブサイト**
  学問的調査・分析を通して核兵器廃絶に向けた情報や提言を掲載

【みんなでできるアクション】

- 学んだテーマについて、家族や友人など身近な人に伝えよう
- 家庭や職場、地域の人々に声をかけ、アクションを起こしてみよう

既存の活動に参加する形もあります

「SGIの日」記念提言の40回の軌跡《きせき》

1983年から池田先生が40回にわたって発表してきた
「SGIの日」記念提言のタイトルと主な提案を紹介します。

● 1983年「平和と軍縮への新たな提言」
◦「核戦争防止センター」の設置
◦ 軍事費を凍結するための国際会議を

● 1984年「『世界不戦』への広大なる流れを」
◦ 宇宙空間での武力行使などを禁止
◦「世界不戦宣言」を国連で決議

● 1985年「世界へ世紀へ平和の波を」
◦ 米ソ首脳会談で核軍拡競争を停止
◦ 韓国と北朝鮮の首脳会談の開催

● 1986年「恒久平和へ対話の大道を」
◦ 核兵器の削減と核実験の全面禁止
◦ アジア・太平洋平和文化機構の設置

● 1987年「『民衆の世紀』へ平和の光彩」
◦「国連世界市民教育の10年」の設定
◦「国際軍縮年」の制定

● 1988年「平和の鼓動 文化の虹」
◦「平和と軍縮の10年」の設定
◦「世界市民憲章」の制定

● 1989年「新たなるグローバリズムの曙」
◦ 国連に「紛争防止センター」を設置
◦ NGO平和サミットの開催

● 1990年「希望の世紀へ『民主』の凱歌」
◦ 国連で「世界不戦会議」を開催
◦「国連教育協力隊」の創設

● 1991年 **「大いなる人間世紀の夜明け」**
◦「環境安全保障理事会」の新設
◦国連改革を巡る世界評議会の設置

● 1992年 **「希望と共生のルネサンスを」**
◦「環境・開発国連」の新設
◦「国連軍縮基金」の創設

● 1993年 **「新世紀へ ヒューマニティーの旗」**
◦国連改革のための世界首脳会議を
◦核問題に対処する国際機関の創設

● 1994年 **「人類史の朝 世界精神の大光」**
◦「国連アジア本部」の設置
◦包括的核実験禁止条約の制定

● 1995年 **「不戦の世紀へ 人間共和の潮流」**
◦国連経済社会理事会の権限強化
◦核廃絶に向けて「非核地帯」を拡大

● 1996年 **「『第三の千年』へ 世界市民の挑戦」**
◦国連を軸に「人間開発」を推進
◦「人道的競争」を時代の潮流に

● 1997年 **「『地球文明』への新たなる地平」**
◦「対人地雷禁止条約」の制定
◦民衆の手で「地球憲章」を制定

● 1998年 **「万年の遠征——カオスからコスモスへ」**
◦サミットを責任国首脳会議に改編
◦小火器の削減へ国際的な枠組みを

● 1999年 **「平和の凱歌——コスモロジーの再興」**
◦「子ども兵士禁止条約」の制定
◦民衆の連帯で核兵器禁止条約を制定

● 2000年 **「平和の文化 対話の大輪」**
◦国連に「紛争予防委員会」を設置
◦「地球民衆評議会」を創設

● 2001年 **「生命の世紀へ 大いなる潮流」**
◦「国連民衆ファンド」の創設
◦貧困問題を巡る地球フォーラムを

● 2002年 **「人間主義——地球文明の夜明け」**
◦「包括的テロ防止条約」の制定
◦再生可能エネルギー促進条約の締結

●2003年 **「時代精神の波 世界精神の光」**
◦「核廃絶のための特別総会」の開催
◦貧困や飢餓などを巡る世界サミットを

●2004年 **「内なる精神革命の万波を」**
◦国連に「平和復興理事会」を設置
◦「グローバル初等教育基金」の創設

●2005年 **「世紀の空へ 人間主義の旗」**
◦「国連アジア太平洋本部」の設置
◦「武器取引制限条約」の早期締結

●2006年 **「新民衆の時代へ 平和の大道」**
◦国連総会と市民社会との連携強化
◦軍縮教育で「平和の文化」を拡大

●2007年 **「生命の変革 地球平和への道標」**
◦「国際核軍縮機構」を創設
◦「宇宙の非軍事化」へ規制を強化

●2008年 **「平和の天地 人間の凱歌」**
◦人権教育と訓練に関する国際会議を
◦「命のための水」世界基金の創設

●2009年 **「人道的競争へ 新たな潮流」**
◦国際持続可能エネルギー機関の創設
◦核兵器禁止条約の交渉開始

●2010年 **「新たなる価値創造の時代へ」**
◦広島と長崎で核廃絶サミットを開催
◦「女性のための未来基金」の創設

●2011年 **「轟け！ 創造的生命の凱歌」**
◦北東アジアと中東での非核化を推進
◦「国連人権教育計画」の設置

●2012年 **「生命尊厳の絆 輝く世紀を」**
◦持続可能な未来を築く共通目標の制定
◦放射性廃棄物の管理に関する協力強化

●2013年 **「2030年へ 平和と共生の大潮流」**
◦社会的保護のための制度を各国で整備
◦「東アジア環境協力機構」の設立

●2014年 **「地球革命へ価値創造の万波を」**
◦国連で世界市民教育プログラムを新設
◦アジア復興レジリエンス協定の締結

● 2015年「人道の世紀へ　誓いの連帯」
◦「NPT核軍縮委員会」の新設
◦ 日本と中国と韓国で青年交流を拡大

● 2016年「万人の尊厳　平和への大道」
◦ 難民の子どもたちを守る対策の強化
◦「武器貿易条約」の批准を促進

● 2017年「希望の暁鐘　青年の大連帯」
◦ 米ロ首脳会談の開催で核軍縮を促進
◦「人権教育と研修に関する条約」の制定

● 2018年「人権の世紀へ　民衆の大河」
◦「高齢者人権条約」の交渉開始
◦ 女性のエンパワーメントの国際10年を

● 2019年「平和と軍縮の新しき世紀を」
◦ 自律型致死兵器システムの禁止条約を
◦ 世界の大学をSDGsの推進拠点に

● 2020年「人類共生の時代へ　建設の鼓動」
◦ 気候変動と防災を巡る国連会合の開催
◦「教育のための国際連帯税」の創設

● 2021年「危機の時代に価値創造の光を」
◦ パンデミックに関する国際指針の採択
◦ 核兵器の不使用と核開発凍結の誓約を

● 2022年「人類史の転換へ　平和と尊厳の大光」
◦ 国連ユース理事会の創設で環境保全を
◦ 核兵器禁止条約の常設事務局を設置

戸田記念国際平和研究所編の平和提言選集

池田先生が1983年から2013年までに発表した平和提言のうち、特に国連の改革や強化を論じた内容を抜粋し、テーマ別に収録した書籍『新しき人類社会と国連の使命――池田大作平和提言選集』が、戸田記念国際平和研究所編で潮出版社から発刊されている。

上巻は「ソフト・パワー」「平和構築」「貧困と人間開発」「環境とエネルギー」「人権」などを収録し、下巻は「不戦の制度化」「軍縮教育」「核兵器の禁止」などを掲載。「国連提言」「核廃絶提言」「環境提言」も収めている。元国連事務次長のアンワルル・チョウドリ博士が序文を寄せている。

あとがき

1975年1月のSGI（創価学会インタナショナル）発足《ほっそく》から50周年を迎えるに当たり、池田大作先生が1983年から発表してこられた1・26「SGIの日」記念提言の選集を、創価学会青年部による刊行委員会として編集・発刊する運びとなった。

第2代会長・戸田城聖先生の「原水爆禁止宣言」（1957年9月8日）の精神を継《つ》ぎ、恩師の叫《さけ》びを世界に伝えるべく、40回にわたり提言を発表された池田先生――。その峻厳《しゅんげん》なる師弟の〝提言闘争《とうそう》〟に感謝の思いは尽きない。

創価学会青年部は、池田先生の毎年の提言に学びながら、各地で草の根の平和運動に取り組んできた。最初の提言の発表から30周年となる2013年には、①核兵器廃絶《はいぜつ》、②アジアの友好、③東日本大震災の復興支援を主《おも》な柱とした取り組みを「SOKAグローバルアクション」と銘打《めいう》ち、青年世代の行動の連帯を一段と広げていくことを決定。翌2014年から本格的に活動をスタートした。

国連のＳＤＧｓ（持続可能な開発目標）の達成期限であり、創価学会創立１００周年に当たる２０３０年を目指して歩みを進める中、池田先生はグローバルな課題が深刻化する状況を踏まえ、２０３０年に向かう10年は「人類にとって重大な分岐点《ぶんきてん》」であると述べられた。この師匠の心に呼応《こおう》して、２０２０年からは「ＳＯＫＡグローバルアクション２０３０――青年の行動と連帯の10年」へと発展させ、①核兵器廃絶と反戦の潮流《ちょうりゅう》の拡大、②アジアの友好、③国連のＳＤＧｓの普及《ふきゅう》・推進を軸《じく》に活動を強化してきた。

青年の行動と連帯を一段と広げていく中、青年部は２０２４年、核兵器廃絶と気候危機の打開をテーマとした、若者・市民団体の協働《きょうどう》によるイベント「未来アクションフェス」（3月、東京・新宿区の国立競技場）に、ＳＧＩユースとして参画。アクションフェスに向けて諸団体と共に日本の青年世代約12万人に意識調査を実施した。その声をもとに、未来アクションフェス実行委員会による共同声明として、国連の「未来サミット」（9月、ニューヨークの国連本部）の議論に届けた。その内容は、サミットで採択された「未来のための協定」にも反映されている。

本書では特に、東日本大震災が起きた翌年（２０１２年）以降の提言を、年ごとに抜粋《ばっすい》で収録している。そのほか、ノーベル平和賞受賞者であるアドルフォ・ペレス＝エスキベル博士と池田先生が２０１８年に発表した共同声明の全文と、２０２２年7月以降、３回にわたり発表された「ウクライナを巡る危機の早期終結」と「核兵器の威嚇《いかく》と使用を防止するための措置《そち》」を求める提案の抜粋を収めている。

自然災害や経済危機、紛争、排外《はいがい》主義、難民問題、気候危機、新型コロナウイルス感染症のパンデミック、核兵器を巡る脅威等——この10年あまりの度重《たびかさ》なる危機に対し、池田先生がいかなるメッセージを発信してこられたか。その学びを深めることは、私たちが課題や困難に立ち向かい、平和と幸福の社会を切り開いていく上で、常に立ち返るべき原点となる。そうした思いで刊行委員会一同、編集にあたらせていただいた。

本書を手にされる一人一人と共に、平和と共生の時代構築に向けた行動の連帯をさらに広げていくことを決意してやまない。

『池田大作 平和提言選集』刊行委員会

装丁　清水良洋（Malpu Design）
本文デザイン　水野拓央

未来をひらく選択――池田大作 平和提言選集

2025年 1 月26日　初版発行
2025年 4 月 2 日　3 刷発行

編　者　『池田大作 平和提言選集』刊行委員会
発行者　前田直彦
発行所　株式会社 潮出版社
〒102-8110　東京都千代田区一番町 6　一番町SQUARE
電話／03-3230-0781（編集）
03-3230-0741（営業）
振替口座／ 00150-5-61090
印刷・製本　株式会社 暁印刷

ISBN978-4-267-02451-1 C0095

潮出版社ホームページ URL　www.usio.co.jp